中华先贤人物故事汇

吴敬梓

杨　波　著

中华书局

图书在版编目(CIP)数据

吴敬梓/杨波著. —北京:中华书局,2022.1(2024.7重印)
(中华先贤人物故事汇)
ISBN 978-7-101-15320-0

Ⅰ.吴… Ⅱ.杨… Ⅲ.吴敬梓(1701~1754)-生平事迹
Ⅳ.K825.6

中国版本图书馆 CIP 数据核字(2021)第 172197 号

书　　名	吴敬梓	
著　　者	杨　波	
丛 书 名	中华先贤人物故事汇	
责任编辑	董邦冠	
文字编辑	陈　虎	
美术总监	张　旺	
封面绘画	冯　戈	
内文插图	顾梦迪	
责任印制	管　斌	
出版发行	中华书局	
	(北京市丰台区太平桥西里 38 号　100073)	
	http://www.zhbc.com.cn	
	E-mail:zhbc@zhbc.com.cn	
印　　刷	三河市宏达印刷有限公司	
版　　次	2022 年 1 月第 1 版	
	2024 年 7 月第 3 次印刷	
规　　格	开本/787×1092 毫米　1/32	
	印张 4⅜　插页 2　字数 50 千字	
印　　数	13001-15000 册	
国际书号	ISBN 978-7-101-15320-0	
定　　价	18.00 元	

出版说明

孔子周游列国，创立儒家学说；张骞出使西域，开辟丝绸之路；书圣王羲之，留下了曲水流觞的佳话；诗仙李白，写下了"举头望明月，低头思故乡"的名篇；王安石为纠正时弊，推行变法；李时珍广集博采，躬亲实践，编撰医药学名著《本草纲目》……

这些杰出的历史人物，有的是在中华民族文明进程中做出过突出贡献、对后世产生过巨大影响的思想家、政治家，有的是对中华优秀传统文化的传承传播发挥过重大作用的文学家、艺术家、科学家，有的是为国家安定统一、民族融合团结和中外文化交流做出过杰出贡献的军事家、外交家……他们为中华民族的繁荣发展做出了伟大的贡献，他们的行为事迹、风范品格为当世楷模，并垂范后世。

他们是中华民族的先贤人物。他们的思想、品德、事迹，是中华优秀传统文化的结晶。他们的故事，是对中华民族的禀赋、特点和气质最生动、最鲜活的阐释。他们的名字，在五千年中华文明史上最为光彩夺目。他们为五千年中华文明史书写了最为光辉灿烂的篇章。

为了解先贤，走近先贤，我们精心组织编写了这套《中华先贤人物故事汇》丛书。以详实可靠的史料为依据，以细腻动人的故事为载体，真实地呈现中华先贤人物的事迹、品格和精神风貌，彰显他们的贡献和功绩，以激发人们对国家民族的热爱，对中华文明、中华优秀传统文化的崇敬。

开卷有益，期待这套丛书成为你的良师益友。

目 录

导　读

吴敬梓，我国清代伟大的小说家。

吴敬梓于清康熙四十年（1701），出生于"家声科第从来美"的书香世家。少年时聪颖好学，诗赋援笔立成。青年时放荡不羁，千金散尽。曾三次参加乡试，都铩羽而归。科场的坎坷，让他渐渐洞悉八股取士的弊病。嗣父吴霖起去世后，族人疯狂抢夺家产，让吴敬梓失望至极。后来，举家移居南京秦淮河畔，与当时的文士唱和往来，被推举为"文坛盟主"。乾隆元年（1736），安徽巡抚赵国麟向朝廷举荐吴敬梓参加博学鸿词科试。在顺利通过地方考试之后，吴敬梓却因病未能参加在京城举行的廷试。博学鸿词科试后，吴敬梓拒绝一切与科举相关的考试，对科举入仕彻底丧失了兴趣。之后，他越发穷困潦倒，常以"暖足"御寒，并全身心地投入到《儒林外史》的创作之中。乾隆十四年（1749），吴敬梓终于完成了他的伟大作品——《儒林外史》。乾隆十九年（1754），五十四岁的吴敬梓客死扬州。

《儒林外史》是我国古代最为著名的讽刺小说，被鲁迅先生誉为"出以公心"的一部"伟大讽刺小说"。在书中，我们能感受到吴敬梓的呼吸和温度，感受到他的悲悯情怀。在他眼里，芸芸众生，无不平等；天下苍生，皆有形状。在他笔下，儒林百态，既有高洁隐逸之士，也有蝇营狗苟之辈；既有瑰琦偏傥的奇女子，也有顽冥不化的老学究。一部《儒林外史》，也是他自由不羁、与命运抗争一生的写照。

一、探花第里少年郎

1701年（清康熙四十年）的夏天，在安徽全椒城西的襄河岸边，石榴花儿开得正艳，似红色火焰一般光彩耀目。夏蝉持续不断地鸣叫，则叫人烦躁不已。

襄河湾畔的探花第，一个婴儿呱呱坠地，这婴儿的哭啼声，打破了这里一直保持着的微妙平衡。

这探花第就是全椒吴家。从明朝万历年间（1573—1620）开始，全椒吴氏先人吴沛不再专注于农业生产和以医养家的营生，而把全部精力用在攻读《四书》《五经》上，专研八股文的写作，即以儒立家，以举为业。吴沛多次参加科举考试，可屡屡不中，只得一辈子以开馆授徒为生。他颇擅揣摩，悟出一套八股制艺的"金针"，写出了两篇极具技术含量的考试秘笈，一篇名为《题神六秘说》，一篇名为《作法六秘说》。他坚持不懈，想把他的"真知灼见"都传授给他的几个儿子。二儿子资质稍逊，而长于日常事务，吴沛就命他专门料理家务。其他四子均专心于举业。老大吴国鼎，明末进士；老三吴国缙，清初顺治进士；老四吴国对，顺治进士，探花及第；老五吴国龙，明末进士。这样，一个以科举成功立世的家族诞生了，时人都说"国初以来重科第，鼎盛最数全椒吴"。其中，吴国对和吴国龙两支人丁兴旺。吴国对一支居探花第，而吴国龙一支则居心远堂。随后，吴国龙的儿子中又有两人中了进士，其中吴昺榜眼及第，心远堂一时又鼎盛起来，一片兴旺发达之景象。有探花，有榜眼，因而吴家也有了"一门两鼎甲，两代六进士"之称。而探花吴国对的子孙就没有什么功名了，功名最盛者吴霖起仅为拔贡，功名处于全族荣耀最高处、以探花命名的探花第一时黯淡了下来，人稀草盛，呈现出一派萧索衰败之气。

这个男孩的出生，为日趋衰落的吴国对这一支族人带来了新的希望。长房吴旦只有一子霖起，且吴霖起一直没有生儿育女，长房长孙面临断绝香火的境地。二房吴勛有子三人，其三儿子吴雯延又育有多子，刚刚降临的这个男孩就是他的孩子。基于传统的宗族制度，经过商议，就把这个刚出生的男孩过继给了长房之下的吴霖起为嗣子，这个孩子将承担起决定这个家族兴衰荣辱的当家老爷的角色。

作为探花第的当家人，吴旦兴奋不已，立即和吴霖起商量给孩子起一个好名字。

吴霖起说："父亲，单字'梓'如何？《诗经》有云：'维桑与梓，必恭敬止。'吴梓，就是我吴家的良材、国家的栋梁之才啊！父亲的诗文集《赐书楼集》即将付梓，不正是绝好的纪念吗？"

吴旦点头说："不错，但单名'梓'却有些怪异，我一个秀才，一本微不足道的诗文集面世，有何值得纪念的呢？想你祖父国对公高中探花，受皇上赏识，出任福建主考、国子监司业、提督顺天学政，还受恩宠赐书，伴随皇上，加一个'敬'字如何？为了纪念皇上赐书于我吴家，让孙儿以他曾祖父为榜样，勤耕不辍，将来也高中进士、手摘探花，重光我吴家门楣啊！"

吴霖起连连点头，说："父亲说的是。我想为敬梓取一字曰'敏轩'，取孔圣人'敏而好学'之意，父亲意下如何？"

吴旦的嘴角露出满意的微笑。这样，吴敬梓就具有了长房长孙的地位，如无意外，他将在族内成为一个享有支配性权力的掌门人。

在探花第中，吴敬梓要风得风，要雨得雨，在祖父和父亲的呵护下，茁壮成长。嗣父吴霖起对他的要求极为严格，在其成长过程中，一直伴随他的不是整日玩耍的小伙伴和无忧无虑的乡村生活，更多的则是读书识字，《千字文》《百家姓》《弟子规》《幼学琼林》自不必谈。五岁时，吴敬梓就进入族中私塾读书，吴霖起便开始有意识地教授吴敬梓学习《四书》了，甚至有模有样地作起时文（即八股文）来。吴敬梓天生颖异，记忆力惊人，诗词歌赋常常过目成诵。探花第上下对吴敬梓的未来抱有极大的期望，期望他能金榜题名，光宗耀祖。

吴敬梓十三岁时，一向对他疼爱有加、嘘寒问暖的嗣母去世了，少年吴敬梓第一次品尝到了生离死别的人生悲哀。家族人事如激流险滩，矛盾重重，而嗣父对他又异常严格。在这种情况下，失去母爱的吴敬梓一时顿感人世的悲凉与冷漠，巨大的孤独感深深地占据了这位少年淳朴而率真的心灵。

探花第的中间是一座高大的赐书楼，是曾祖父吴国对为纪念皇上赐书而建。这大院落里又有两株极为高大的桂花树，两座大花坛，一座牡丹台，一座芍药台。吴霖起和吴敬梓的书房就在这院落中，三间朝南。吴敬梓渐渐沉默寡言，日日躲进他的书房，犹如一个得道高僧幽居禅房，把所有的精力都投入到读书之中。他越来越沉迷于诗词歌赋，还有各种杂览，诸如文史笔记、志怪灵异、戏曲传奇等都有所涉猎。可以说，少年吴敬梓正沉溺于文学作品的狂热阅读之中，他的表兄金榘后来说那段时间的吴敬梓堕入"绮语"世界，如春蚕作茧自缚，不能自拔。显然，这段博览群书的经历，对于举业是于事无补的，但对于一位成长中的小说家而言，却是不可或缺的。广泛的阅读，开阔了他的视野，大大拓展了少年吴敬梓对于世界的思考。丰富杂驳的知识体系，为他日后的文学创作打下了坚实的基础。广泛的涉猎，也使吴敬梓幼小的心灵从《四书》《五经》、八股制艺中得到一定的解脱，长期被压抑的个性也得到一定的舒张。

二表兄金两铭到探花第找吴敬梓玩，吴敬梓迫不及待地拉着他，要给他讲故事："二表兄，我昨天刚读了一个故事，有趣得很，说与你听听如何？"

金两铭略长吴敬梓几岁，俩人从小亲密无间，常在一起玩耍。他急道："赶紧讲来，敬轩，你别卖关子了，快讲快讲！"

吴敬梓缓缓说道："说唐朝时有一位李姓将军，行军途中寓居在一个叫开元寺的庙宇中。傍晚时分，手下的校尉突然领了一个老道过来，只见此人，身着青色道袍，头挽一个道髻，手拿拂尘，目光如电，一副仙风道骨模样。李将军正欲前往疆场，生死未卜，这老道就说了一些生死有命富贵在天、将军吉人自有天相的话，听得那将军顿时烦恼尽去，精神为之一振。老道又说：'贫道也是闲云野鹤，不知下次遇到将军是猴年马月了。今日与将军有缘，将军可不必急着赶路，贫道有一雕虫小技，欲展示给将军瞧瞧，以博一乐。'将军顿时兴致盎然，说：'当然要看。'老道说：'要一大铁鼎，以黄金二十两为母，投入其中，每个时辰喂它水银、药物，下用三昧真火慢慢煨炙，最后必有惊喜。'将军毫不犹豫就拿出二十两黄金交给老道，老道连夜在后院支起铁鼎，关闭院门，不让人靠近。第二天一早，老道就过来请将军检视，老道扒开铁鼎中一层黑乎乎的灰烬，下面竟是金灿灿的金子，璀璨可人。"

金两铭睁大眼睛，拍手道："好玩好玩！"

吴敬梓不动声色，继续讲述道："老道说：'将军，这些金子都是你的了。'李将军捧起金子，开怀大笑，叫人称了一下，足足有一百两。说道：'道长真是仙人呐，末将大开眼界。有一不情之请，请仙长继续炼金，我随身携带了一些军饷，黄金五百两，加上今天新得黄金一百两，共六百两，请仙长为国为民，再炼一夜金。'老道颔首道：'将军为国为民，奔赴沙场，贫道能为将军分忧，倍感荣幸啊！自不会推托。'天黑下来之后，老道又关闭院门，把黄金、水银、药物投入铁鼎，生火煨炙，手执拂尘，不时向铁鼎挥来挥去。第二天一早，将军来到后院，准备从那大铁鼎中捞出黄金。只见院门大开，已不见老道踪影，铁鼎仍在，尚有余温，可里面啥没有，空空如也。"

说完，吴敬梓禁不住哈哈大笑，金两铭也捧腹大笑。金两铭说道："这就是小说家者流，街谈巷议、道听途说吧，为大人先生所不齿的。但有趣得很呢！"

吴敬梓说："诚然，诚然！我就是个小说家流。哈哈！"

嗣母去世后的次年，即1714年（清康熙五十三年），嗣父吴霖起在拔贡二十八年之后，被朝廷派往江苏北部濒临黄海的小县赣榆担任教谕——一个无足轻重的低级官员。为了让吴敬梓尽快摆脱悲伤的困境，同时也为了更好地教育他，吴霖起带着十四岁的吴敬梓一起前往赣榆赴任。吴霖起为人方正，不懂得苟且钻营，几十年埋首书卷，孜孜以求。他的身上有一股子儒生的气息，修身育人，事事堪称道德模范，事事向至圣先师孔夫子学习，因材施教，诲人不倦。生活也不甚讲究，以复圣颜回为楷模，箪食瓢饮，清贫简朴，自得其乐。吴霖起在县里积极奔走，还捐出自己的薪俸，修缮了破败不堪的学舍，在学宫里修建了尊经阁三间；又与知县及当地士绅合力兴建敬一亭一座。

尊经阁建成之时，县里大小官员、士绅文人都一起前往吃酒庆贺，吴敬梓也随嗣父吴霖起一同前往。众人觥筹交错，酒酣耳热，才思敏捷者纷纷赋诗赞其事。吴敬梓登临高阁，极目远眺，大海茫无涯际、浩荡壮阔，只见海天一色、群鸥翻飞，俯仰之间，又听得潮声惊天骇地，磅礴而来。此时的吴敬梓意气风发，胸襟豁然，如置身于海市蜃楼，即兴作诗一首——《观海》："浩荡天无极，潮声动地来。鹏溟流陇域，蜃市作楼台。齐鲁金泥没，乾坤玉阙开。少年多意气，高阁坐衔杯。"

吴敬梓此时还是一名少年，《观海》一诗一气呵成，才气逼人，赢得与会的官员士绅一致赞赏，他们纷纷向吴霖起祝贺，说吴敬梓定会有一个锦绣前程。知县大人也对吴敬梓投来赞许的目光，对吴

手持酒杯的吴敬梓意气风发，即兴赋诗一首。

霖起说:"令公子真是才思敏捷,不愧为名门望族之后啊,前途未可限量!来日定然是'春风得意马蹄疾,一日看尽长安花'啊!"

吴霖起顿时神采奕奕,捻着胡须,眼带微笑道:"犬子虽侥幸赋得佳作一首,可还不知他将来争气不争气。祖父国对公当年勇夺探花,多年为朝廷选拔英才鞠躬尽瘁,死而后已,门生故吏也不晓得有多少。到家父和我辈,子孙都功薄名浅,愧对先祖啊!唯望小儿敬梓能迎头赶上,再博取功名,不叫我吴家门楣蒙尘!"

少年吴敬梓默默地听着父亲的话,渐渐也懂得自己所肩负的重任了。"家声科第从来美"的家族传统吸引着他,举业之路就在他的眼前。在这个才华横溢的少年看来,一切都很美好,前景可期。

吴霖起一方面做好自己的教谕工作,一方面抽空教授吴敬梓诗、书以及科举考试的一些技巧方法。慢慢长大的吴敬梓在嗣父的同意下,风尘仆仆地往来于赣榆、全椒之间,穿行于大江南北、淮河两岸。一日,吴霖起听闻全椒金家(吴家表亲)请来了方圆几百里皆极有名望的先生汪启淑坐馆,此人在八股制艺上甚有心得。他希望吴敬梓能得此人精心调教，就即刻命吴敬梓回全椒受教。

回全椒后，吴敬梓就跟表叔金家请来的八股文写作高手汪启淑先生学习，以期能在八股制艺上继续精进。表兄金榘和金两铭，都是汪先生的私塾弟子。

未及半年，汪先生就对吴敬梓说："敏轩啊，你不必再向我学习八股制艺了。你的文章曲折深入，水准已远超你的同龄人，就是你的表兄金榘和金两铭跟我学了多年，也望尘莫及啊！敏轩，我知道你喜欢诗词歌赋，这也不碍事。叫老朽看来，若是八股文章做得好，随你做什么东西，要诗得诗，要赋得赋，都是一鞭一条痕、一掴一掌血啊！若是你这八股文章不讲究、欠火候，任你做出什么东西来，也都是野狐禅、邪魔外道。"

吴敬梓、金榘、金两铭，三兄弟垂手聆听，点头称是。

二表兄金两铭说："敏轩，你真是天赋异禀哦！能得到汪先生夸赞的学生少得可怜。看你文章中的破题、承题、起讲、入题、起股、中股、后股、束股一气呵成，层层递进，参差有致，摇曳多姿，真是令人惊叹啊！你文章中对'大扣小扣'的娴熟运用，真是了不起！有人学一辈子都无法窥得这奥秘，甚至都摸不到门径哩。"

金榘接过话道："敏轩弟真是天纵奇才啊！制艺中如此隐蔽的秘密，很快就被你发掘了出来，体悟得又深又透，前途定然不可限量啊！"

少年吴敬梓不好意思地笑了笑，谦逊地说道："敬梓的一点进步，全赖汪先生的悉心教诲，大表兄和二表兄对我也指点甚多。遥想曾祖父的文章光芒万丈，泽被士林，小子我更是诚惶诚恐，尚需不断努力！"

汪启淑道："好啊，敏轩，你以令曾祖国对公为榜样，盈科后进如流水，定能百尺竿头更进一步，金榜题名，指日可待啊！"

吴敬梓对于自己在八股制艺上取得的成绩也沾沾自喜，觉得已渐入佳境，将来博取功名也是手到擒来之事。他写诗自喻自己所作时文，是十四五岁的妙龄女子，待字闺中。但他骨子里却是放诞任性、率真自由的，崇尚文采风流，所以也常常感到时文的枯燥乏味，是一种束缚人心性才华和想象力的镣铐。因此，一旦得空，吴敬梓就与心远堂的堂兄吴檠、五柳园的表兄金榘和金两铭游山玩水，相互酬唱。

随着吴敬梓的年龄越来越大，嗣父吴霖起几经考虑，为他物色了一门亲事。

"敬轩啊，我看你也不小了，今年一十有七了，男大当婚，女大当嫁，我想让你娶你姑父陶钦李的二女儿为妻。他的大女儿嫁给你的表兄金榘，这样你和金榘的关系就更进一步了，你们也好经常在一起商量些事情，互相帮衬，在八股制艺和诗词创作上也可共同切磋、共同进步。你意下如何？"吴霖起问吴敬梓。

全椒陶家与吴家本来就有姻亲关系，陶钦李是吴敬梓亲祖父吴勷的女婿，也就是吴敬梓的姑父。他的长女嫁给金榘，次女欲嫁给吴敬梓。吴敬梓的族兄吴檠的母亲，即是金榘的姑姑。因而金榘与吴敬梓本就是表兄弟，现在又加上一层"连襟"关系，可谓是亲上加亲。

吴敬梓心里甚为满意，满口答应："父亲的安排自然是非常之好，孩儿求之不得。"

完婚之后的吴敬梓，生活的担子越发沉重起来，一面要回赣榆侍奉父亲，尽孝道，也让父亲放心；一面还得不时回全椒继续学习八股制艺，准备举业。

二、漫漫科考崎岖路

　　1718年，吴敬梓接到了生父吴霅延在南京病重的书信，十八岁的他不得不离开新婚燕尔的妻子，从赣榆出发，乘船前往南京。少年时，他曾经到过南京，青溪九曲，雕梁画栋，柳堤月榭，依然历历在目。这次来南京，吴敬梓的心情却极为忧郁，他是为了侍奉病重的生父吴霅延。其时，吴霅延寄居在清凉山麓虎踞关的丛霄道院攻读诗书，以备举业。

　　吴敬梓来到丛霄道院，门墙之外是修竹茂林，绿荫成海；道院内有阁楼，供奉着纯阳子吕洞宾。吴霅延卧病在床，不停地咳嗽。看到儿子来了，甚为高兴，挣扎着坐了起来，拉着儿子的手说："敏轩啊，你来了！唉，你真不该来，应该好好准备应考啊！"

吴敬梓一把拉着生父的手说："父亲病重，孩儿于情于理都得到榻前尽孝。何况我们全椒吴家向来是以孝悌为本、诗书传家哩？我看这读书如果不知人伦，薄情寡义，不如不读的好！"

吴雯延黯然道："敏轩啊，你的孝心我领了。你这样明理，为父也甚感欣慰。想我一人孤苦伶仃，虽然在这远离尘嚣的道院里攻读诗书，至今也未获得半尺功名，不过是个穷秀才而已。真是对不起列祖列宗啊！你虽出嗣，家中也还有其他几个兄弟，但为父从心里最欢喜的还是你。你天资聪颖，才具过人，我想你定能进学高中，不负我全椒吴家'书香门第，耕读传家'的美誉，光大我吴家门楣啊！马上就要科考了，我看你还是赶紧回全椒准备应考吧！"

吴敬梓呜咽着说道："孩儿怎么忍心丢下您一人在这冷冰冰的道院呢？今日我们就雇船回家。"

吴雯延说："想你远房陈表舅，考了四十多年，也没考上个秀才，还是个老童生。前两年，已老眼昏花，抱着老朽身躯，最后一次参加考试，可仍是名落孙山，回家后就卧床一病不起，不几日，不吃不喝，一命呜呼了！我恐怕将来也落得如此下场啊！"

吴敬梓不无悲伤地说："我这表舅才学不济，亦十分可怜，科考害得他一辈子执迷不悟，务农也不会，百工亦不懂，穷困潦倒，还害得家人吃不上饭，甚是可怜！父亲，我们还是回全椒吧！"

吴雯延发怒了，带着哭腔说道："敬轩啊，你赶紧回去，不要管我。我这一生已注定碌碌无为，功名蹭蹬，绝不能让你重蹈我的覆辙。你虽随霖起前往江苏赣榆，但并不能在当地参加科考啊！朝廷是绝不允许冒籍参考的。今年正值滁州岁考，还有几天就要开考了，你赶紧回去！我若病逝，则于你更为不利，依制你三年内不能应试啊！敬轩啊，算为父求你了！"

吴敬梓苦苦跪求，欲要说服父亲。而吴雯延更为生气，不停地咳嗽。

别无他法，吴敬梓只好硬着头皮说："父亲，那孩儿这就前往滁州应试。"

吴敬梓急急匆匆赶往滁州应试，心头却又挂念着卧病南京的父亲，草草地答完题就提前交卷了，不等张榜就匆匆从滁州赶回南京。回到丛霄道院，父亲已病入膏肓，奄奄一息。吴雯延虽常年在南京生活，却未置任何产业。人之将死，更加想念桑梓故土，最后总是要叶落归根的。吴敬梓与家人一道把病危的吴雯延小心翼翼地送回到全椒。经过一番折腾，吴雯延终于回到了家乡，但不久后就撒手人寰了。全家人正沉浸在悲痛之中，这时传来了吴敬梓考取秀才的消息。

　　吴敬梓捧着捷报，跪在吴雯延的灵柩前，嚎啕大哭："父亲，父亲，您睁开眼看一眼吧！孩儿考取秀才了！您病危之际，还为孩儿进学着想。如今不能让父亲您在生前看到，获得秀才功名又有何用啊？都是孩儿不孝啊！"

　　料理完父亲的丧事，按照礼制，吴敬梓应该为生父吴雯延守制三年；但从宗法制度上说，他已经出嗣为他人之子，为生父守制的要求也不十分严格。吴雯延的去世，同时引起了家族中对于其遗产的争夺，尔虞我诈、你争我夺的情形，让吴敬梓甚为恼怒。目睹家族中的种种丑态，他一刻也不愿意久留。虽离服阕之期尚早，吴敬梓即刻离开全椒回到赣榆，回到了嗣父吴霖起身边。

三四年间，吴敬梓依然往返于全椒、赣榆之间。1722年（清康熙六十一年），朝廷的夺嫡之争日趋白热化，官员调动也日趋频繁。为人方正刚直的吴霖起既无高官做靠山，又不知逢迎上司、阿谀当地士绅，成为首先被淘汰的官员，小小的县学教谕这一"冷官"也被罢黜了。被罢官之后，吴霖起就和吴敬梓收拾行囊，带着尚在襁褓之中的孙子吴烺，祖孙三代从赣榆回到了故乡全椒。

回乡后，吴霖起心有不平，郁郁寡欢，第二年就一病不起，随即撒手西去。嗣父吴霖起是吴国对长子吴旦的独子，是长房长孙；但他没有其他亲生子女，所以吴敬梓在负责治丧期间，人人掣肘，诸事难行，各房不同辈分的族人，以各种方式刁难他、斥责他，让他难堪，下不了台。吴敬梓虽生性豁达高傲，在丧事期间，也只能处处小心、事事谨慎。处理完嗣父的丧事之后，吴敬梓就这样心力交瘁地告别了他曲折多舛、飞扬不羁的青年时代。

这一年，吴敬梓二十三岁。

　　1729年（清雍正七年），二十九岁的吴敬梓前往滁州，参加科考，这是决定他是否有资格参加乡试（考中者即为举人）的预考。乡试三年一次，他不能再错过这次机会。前面有几次参考机会，由于或家庭变故，或沉溺声色，或愤而放弃，吴敬梓都未能把握住时机。

　　吴敬梓到了滁州，先看望了自己的亲姐姐，带些银两给她，姐夫金绍曾也是个穷秀才，已于八年前撒手西归。随后，他就与一帮应试的士子聚在酒楼里喝酒，因为他的诗酒文章早已闻名乡里，加之是名门望族，坊间流传着他仗义疏财、放荡不羁的"盛名"，士子们纷纷向吴敬梓敬酒。酒酣之际，胸胆开张，吴敬梓不免又有一番议论。吴敬梓说道："如今的八股取士，把一个个活生生的人都变成木头人，像我等举子，四体不勤，五谷不分，种地种菜都不行，其他行当更不必提了。如果考不得功名，只能幽忧愁苦，又不能免于饥寒，这是一条无望之路。"士子们叽叽喳喳，议论不绝。有一位士子说："敏轩兄，先生们教导我们说，不要学什么诗词歌赋，那是歪门邪道。我看官场中的老爷大人不也常常诗文唱和吗？怎么就成杂览、杂学了呢？又说什么诗词一道，也不是学不得，但要在发达之后。"

吴敬梓举起酒杯，一饮而尽，接过话茬，说道："诗词歌赋本可愉悦性情，状物抒怀，亦可涤荡人生，孔夫子说《诗》可以兴、观、群、怨。而时文能吗？人生功名富贵，本是身外之物；但世人一见得功名，便拼了命来求它。老杜说'千秋万岁名，寂寞身后事'。我们现在的士子都不要'千秋万岁名'，身后寂寞关他何事？也不怕遗臭万年，只图今朝有酒今朝醉，马上金榜题名，加官进爵。科考的士子哪一个心里不是想着'三年清知府，十万雪花银'？"

又有士子一脸困惑，问道："难道我们读《四书》《五经》也是错的吗？"

吴敬梓大声回答说："读《四书》《五经》都没有错。可惜的是，读《四书》，不过是为作时文找到题目、获取立意而已；读《五经》，又为作时文寻章摘句、增添所谓辞采而已。《四书》《五经》沦落为敲门之砖，又有谁当真照着去做呢？"

吴敬梓借着酒劲，慷慨激昂，痛陈科考之弊。酒家趁着众人酒兴，叫来两位歌女，她们唱起了吴敬梓填词的歌曲。吴敬梓也颇为得意，不禁打着拍子轻声和唱，引来满堂喝彩之声。前几年吴敬梓在全椒时，经常邀歌妓女伶到家中演戏唱曲，还填写了好些个歌词。

说者无心，听者有意，哪知已有小人为讨好学政大人，告了吴敬梓的密。吴敬梓在滁州的一些言行以及他在家乡全椒放浪不羁的行状，诸如此类的风言风语，很快就传到主考官安徽学政李凤翥的耳中。

二表兄金两铭是和吴敬梓一同来参加科考的。他听闻消息，急忙对吴敬梓说："敏轩啊，大事不好，你在酒桌上的那些个议论，已经传到李大人那儿，只怕对你的判卷大大不利啊！前朝大明就有规定：天下利病，大家都可以直言，唯独生员不许啊！天朝顺治年间也有规定：军民一切利弊，不许生员陈言；如有建言，皆当治罪。你说的那些有悖于朝廷的话，还与歌女饮酒作乐，好事者已经添油加醋地都报告给李大人了。"

吴敬梓与朋友们的喝酒聚会以及种种议论，只需稍加罗织就可以成为治罪的证据，较真的话，最轻的惩罚便是不予录取。吴敬梓这时才觉得事态严重，颓然地坐在了地上，悻悻地说："唉，想我吴敬梓真是命运多舛，十八岁考取秀才，几次乡试都未能把握机会，今次科考遇上伯乐，哪知又酒后失言，恐怕要被黜退了！"

金两铭说："敏轩，你也不必懊恼，我看现在只有向李大人主动请罪，看看能不能得到他的宽宥。"

吴敬梓说："现如今，只好死马当活马医了。我这就去向李大人请罪。"参加考试，对于吴敬梓而言，绝非仅仅是改善物质生活和改变童生身份，更重要的是要取得乡试的资格，更进一步获取功名，一扫乡里世人无处不在的中伤诽谤与无端构陷。他很清楚，一旦秋闱告捷——中举，进而中得进士，就能一雪前耻、一解压抑在他胸中的郁闷之气。他取功名，并非汲汲于高官厚禄。

还没等吴敬梓把帖子递上去，学政大人李凤翥就派人着吴敬梓去衙门进见。前两日，他就听闻吴敬梓在滁州放浪形骸、醉酒沉迷之事。

吴敬梓进了衙门，学政李凤翥还到门口迎接了一下，随后坐下看茶。

李凤翥对吴敬梓说："吴敬梓啊，我也见过令尊，老大人温文尔雅，淳朴敦厚，乃正人君子，此世难得啊！不想他走得太早。"说着说着，不免有些落寞。吴敬梓心里一惊，原来学政大人也是父亲的故交。

吴敬梓向李凤翥作揖，上前，跪下叩拜，说道："老师与家父有交，请受学生一拜！"李凤翥摆摆手说："免了！免了！"

吴敬梓重新入座后，李凤翥忽然又换了一副面孔，变了脸，厉声道："'当今天子重文章，足下何须讲汉唐。'像你这样做秀才的，应该以举业为重，重振你全椒吴家。世人皆知你们吴家乃书香门第，你该全身心做文章，心无旁骛，做那些杂学有什么用？写得那些诗词歌赋又有什么用？"

吴敬梓低着头，不敢正眼看他。

吴敬梓不敢吱声，垂头聆听着学政的训话。

李凤翯继续说道："你这叫务名不务实，正务都耽误了，也辱没你吴家的门风。想你吴家一门六进士，国对公的门生故吏遍布天下，是何等的风光！我还听闻你在滁州城里对来参考的士子大肆议论，说什么家里祖上虽曾高中多位进士，可著述诗文却并无可观之处，不过是封得高官、拿得厚禄，哪个又有诗文传世？即便你有诗文传世，你不过是个穷秀才，你哪有什么资格数落你的先祖？"

吴敬梓不敢吱声，垂头聆听着学政的训话，随后才小声嗫嚅道："学生知错了，老师斥责得对。学生定然铭记在心，痛改前非！"

李凤翯继续道："吴敬梓吴敏轩啊，我看过你的很多词赋，也是喜欢的。你可谓是'文章大好人大怪'。我也听说过你在全椒做下的一些荒唐事，招来歌伶，夜夜醉酒沉迷，败坏门风。你还大放厥词，议论天下利弊。你可知罪？倘若令尊地下有知，定然失望至极。更莫要说你那些考上进士、中得探花的先祖！"

吴敬梓心中愤懑不已，想到家族荣耀，想到嗣父吴霖起、生父吴雯延那期盼的眼神，又不免黯然销魂，留下两行热泪，说："学生知罪！请大人责罚！"男儿有泪不轻弹，只是未到伤心处。

李凤翥看到吴敬梓这番模样，也不免心软起来，说："敏轩啊，我不是要斥责于你。诗词一道，不是学不得，但要在发达以后。举业是进身之道，学问是终身大事。以举业为终身的学问，失之于陋；以学问为进身的举业，失之于迂。不陋不迂，因地制宜，方是人生长久之计啊！"

李凤翥所言也不无道理，吴敬梓点头称是。

李凤翥确有爱才惜才之心，并未听信谗言，原宥并包容了吴敬梓乖僻的行状与议论。

随后公布了科考成绩，吴敬梓的文章拔得头筹。结果大大出乎吴敬梓的预料，一起来科考的士子朋友也颇感意外。他们一起到酒馆里，又喝了一个通宵，好好地庆祝了一番。

是年八月，春风得意的吴敬梓和族兄吴檠、表兄金榘等人一起乘船前往安庆府参加乡试。在路上，吴敬梓还开玩笑地说了一个笑话："十几年前，我随父亲前往赣榆，途经扬州，听到一件很有趣的中举故事。话说前朝末年，高邮有一位老童生，姓范，参加过五次乡试，回回不得中。家里只有两间破草房，又有老母、妻子、儿女共五口人，没有什么正经营生，偶尔坐馆以维持温饱，常常是吃了上顿没下顿。他的岳父是镇上的陆屠夫，倒是天天有肉吃，有酒喝。这家徒四壁的范老先生准备第六次去扬州府参加乡试，只能向老岳丈借钱作盘缠。一见到老岳丈，他就被老岳丈一口唾于脸上，骂了个狗血喷头：'就你这样一个猪头，不要因为撞大运中了个秀才就'癞蛤蟆想吃天鹅肉'。你若是中举，真是太阳要打西边出来的，老天爷瞎了眼。我听闻，中得老爷的都是天上的文曲星下凡。看看城里的汪老爷、秦老爷，哪个不是家财万贯、天庭饱满、方面阔耳？哪个像你这样家徒四壁、尖嘴猴腮、鼻涕满面？'范老先生被老岳丈夹枪带棒地辱骂了一番，借得几两碎银子，权当撞大运，去扬州府应了乡试。真是苍天有眼，几日后放榜出来，这范老先生竟然高中了。县衙里的差人骑着高头大马，拿着大红的捷报，来到范家茅草屋前，大声说：'恭喜恭喜！快请范老爷出来，他老人家高中了！'范老先生接了捷报，不看也罢，看了一遍又一遍，念了一遍又一遍，最后两手拍了拍巴掌，喜极发狂，大笑道：'好！好！好！我中了，我高中了，我真的高中了！'说着，身子一闪，往后摔了一跤，跌倒在地，牙关咬紧，顿时不省人事。老母亲和妻子又是掐人中又是灌水，总算把范老先生弄醒了。醒来之后，他就爬起身来，拍着手大笑道：'好！好！好！我中了！我高中了！我真的高中了！'他又走到街上，披头散发，不顾地面不平水洼，深一脚浅一脚地一路走去，众人拉他也拉不住。家里人只得去叫老岳丈陆屠夫。有人说，这范老爷因为高兴得紧，鬼迷心窍了，痰涌上来，需要有个他怕的人打他个巴掌，可使他醒来，陆老爹你最合适啊！陆屠夫赶紧摇头说道：'现今他是范老爷，是天上文曲星下凡，断断是打不得的，我是不敢啊！'范老爷的老母亲过来劝说道：'亲家，你也不是要真打，吓他一下便是了！'这陆屠夫只好硬着头皮，像上刑场一样，来到范老爷面前。这范老爷披头散发，一边拍着巴掌一边说：'中了！中了！我中了！'陆屠夫凶神恶煞般地说道：'该死的畜生！你中什么了？'一个巴掌轻轻地打了过去。范老爷一个趔趄，又倒在地上，众人给他抹胸捶背，一刻功夫，就缓缓醒来了。"

吴檠、金榘听后，大笑不止，金榘说："敏轩啊，你的三寸不烂之舌堪比苏秦、张仪再世啊！诙谐生动，无以复加。"吴敬梓并没有笑。

吴檠接着说道："我看过一个掌故，也叫人啼笑皆非。南宋时，有一场殿试，天子在金銮殿上看到有个白发苍苍的老翁，乃是新科进士，就问他年纪多大、儿女多少。老进士回禀天子说：'我一辈子忙于科考，尚未结婚娶妻，何谈儿女？'并自嘲做诗一首，当庭献于天子，诗云：'读尽诗书五六担，老来方得一青衫。佳人问我年多少，五十年前二十三。'他整整七十三岁了。当时天子就指定一年老宫女，赐婚与他。"

三人一路笑谈就来到了安庆府。

然而，不幸的是，宽容且赏识吴敬梓的学政李凤翥在主持完滁州科考之后，正好三年任满，回京复命去了。接任的学政是王兰生，由他来主持当年安徽的乡试。他是位新晋不久的进士，年纪轻轻，自然心高气傲，也耳闻了吴敬梓"文章大好人大怪"的种种传闻，对吴敬梓并无半点好感。

吴敬梓进入如鸟笼般的号舍里，考完三场，身心俱疲；但是想到他自己深得八股制艺的精髓，所作的文章文理兼善，定然能够一举中的。哪知过了几日，安庆府发榜了，吴敬梓、吴檠、金榘都榜上无名。三人铩羽而归，只好打点行装，打道回府。一路上，三人都不说话，快到襄河码头时，吴敬梓说了一句话："功名富贵无凭据，费尽心情，总把流光误。"

三、移家秦淮著外史

　　在全椒吴家探花第，长房长孙吴霖起只是个拔贡，好不容易做了个小小赣榆县教谕，功名微薄，为人又极为宽善正直，在府中没有形成以他为中心的传统宗族关系，他也没有威信可以镇得住他的叔伯及堂兄弟。而府内族人眼看着吴霖起变卖家产，补贴修缮赣榆公学，早就嚷嚷着要去分家了。嗣子吴敬梓的"胡作非为，呼朋唤友，放荡不羁"，更是引起了他们极大的愤慨。

　　吴敬梓过继给吴霖起之后，也就成为吴家的长房长孙，有了"宗子"的身份，理应分得吴霖起的所有家产。但他又是过继的，独得众多财产，引得很多族人眼红。同时，他又是吴雯延的亲生儿子，吴雯延的财产理应分得一份。但他已过继出去，这也必然引起其他兄弟的不满。由于吴敬梓在吴家的特殊身份，必然地被卷进利益争夺的漩涡之中。

1723年（清雍正元年），嗣父吴霖起病故，探花第面临着分崩离析的境地。叔伯与兄弟恶如怪鸮、贪如饿狼，蜂拥上来抢夺吴敬梓的财产。面对这突如其来的巧取豪夺，少不更事又不懂人情世故的吴敬梓束手无策，眼睁睁地看着他的财产被族人抢夺了很大一部分。在这场财产争夺战中，吴敬梓深感悲哀，书香门第的遮羞布被揭开后，所谓孝悌和睦的吴家家风已荡然无存，人性深处的丑恶处处凸显了出来。

面对族人的贪婪与强横，吴敬梓一度迷惘起来，他抛弃了生父与嗣父的期望，沉迷于醉生梦死、恣意享乐的生活之中。一帮帮闲的朋友跟在他后面，阿谀逢迎，请来戏班子在家演戏唱曲，大唱堂会；又不时跑到南京秦淮河畔，浪掷缠头，追欢买笑。吴敬梓一掷千金，所继承的家产如流水一般，不断地从他的手中流入到优伶和女妓的腰包之中。吴敬梓生性慷慨仗义，既不会持家理财，又不擅识人，结交了一些狐朋狗友。有些心眼不正的人知道他这特性，就跑到他这儿，说是他嗣父吴霖起或者生父吴雯延的生前挚友，说几句老太爷的好话，他就拿几十两、几百两银子给人家送去。族人视金钱如生命，吴敬梓正好相反，视金钱如粪土。

在声色犬马和慷慨豪掷中，吴敬梓的家产越来越少，他越来越不为族人及乡里所容。有时，他去别人家串门，人家想方设法闭门不见，全椒上下都说他是败家子、不肖子孙，一时传为子弟戒。以至于滁州一带的士绅家庭，在教育子女的时候都说，千万别学全椒吴敬梓。

二十三至三十三岁这十年间，吴敬梓遭遇了人生中一连串的重要事件：

二十三至二十四岁，族人与他争夺财产的家难。

二十八岁，岳母病亡。

二十九岁，夫人陶氏病故，科考初试中被考官侮辱斥责，乡试秋闱惨败。

三十岁，家产几乎消耗殆尽，"田庐尽卖"，家中"奴逃仆散"。

三十一岁，续娶全椒儒医叶草窗的女儿叶氏为妻。

在全椒，吴敬梓事事蹉跎，以冰致蝇、以狸致鼠。他心里已盘算多日，决计要离开家乡。他叫来族兄吴檠、表兄金榘和金两铭，把要离开全椒移家南京的想法给他们一一道来。

吴檠首先说道："敏轩啊，我是支持你的。叫你吴敏轩忍辱负重，从头学习经营田园，慢慢再敛财聚富，或者像你我先祖那样，在家教授诸子八股制艺，以图东山再起、重振家业，我看那样，你也不是吴敏轩了。"

金两铭又说道："或者，你吴敏轩可以攀附权贵，结交你们吴家太爷们的门生故吏，和我们这全椒头面人物交好，联亲认故，做个不愁吃穿的公子哥，也不至于在全椒落得无立锥之地、乡里传为子弟戒啊！但是，那样你还是吴敏轩吗？"

金榘年长吴敬梓十七岁，料事、看问题更为稳重，他说："敏轩啊，你确实不适合继续在全椒待下去了。我是知道你的，宁为玉碎，不为瓦全，你宁愿做一个光明磊落、豁达坦荡的败军之将，也绝不会做一个前倨后恭、阿世取容的'变节之臣'。敏轩，你说是也不是？"

吴敬梓作揖道："三位兄长所言极是。既然如此，我也不再流连，即刻准备前往南京，兴许能闯出一片新天地来！"

吴檠双手打着节拍，说道："男儿快意贫亦好，自然不必缩手缩脚去过生活。"

刘老伯是吴家的近邻，是位乡绅，也喜欢读书做诗，向来欣赏吴敬梓的才华。当他听到吴敬梓要搬家的消息后，就语重心长地对他说："敏轩啊，我给你讲个故事吧！有一天，斑鸠碰到猫头鹰，猫头鹰收拾家当正准备离开家乡。斑鸠就问：'您干嘛要搬家啊？'猫头鹰悻悻地回答说：'乡亲四邻都十分讨厌我的鸣叫声，所以我要搬家离开这里。'斑鸠就说：'您可以改变叫声啊！改弦易辙，不就好了么？'敏轩啊，举家迁往异地生活，谈何容易啊！古人云：知错即改，善莫大焉！浪子回头金不换啊！"

吴敬梓淡然自若、愤愤地回答说："刘伯，谢谢您老对晚辈的关心。但要改变叫声，还真不是我吴敬梓能做到的事。改变我自己清越高洁的鸣叫，竭力去适应他们庸俗不堪的耳朵，我做不到！"

刘老伯对吴敬梓掏心掏肺，又规劝了许久，但吴敬梓去意已决。他只好说："敏轩啊，既是如此，我也不再劝你了。你不要一味学令先尊，恐怕将来还会吃苦不断。他在赣榆教谕任上，全然不晓得溜须拍马、敬重上司，只是一味地为当地百姓说好话，在学舍里常对童生讲'敦孝悌，劝农桑'。你呢，你眼里根本就没有当官的，又没有族人本家，这地方我看你也难以住下去了。南京是个好地方，以你的才情到那里去，或许会遇到些个赏识你的知己朋友，做出些事业来。"

吴敬梓向刘老伯深深鞠了一躬，说："老伯教诲，敬梓谨记在心！等我到南京安顿下来了，再接老伯过去玩耍。"

吴敬梓胸怀六朝烟水之气，心又仰慕建安风骨，决意冲出世俗生活的种种藩篱，走出家族纠纷的矛盾和乡里熟人鄙夷的目光。他变卖了老宅及所剩无几的田产，挈妻携子，带上一些必备的家当，清晨雇船从襄河出发，经大江，黄昏时分就抵达了南京水西门。

吴敬梓在南京安下了家，购买了房产。他给寓所取名为秦淮水亭，给自己取了个号，名为"秦淮寓客"，其中布置了一间书房，名为"文木山房"。这秦淮水亭在板桥之西，青溪与秦淮两水交汇处的淮清桥附近，所在地是六朝时陈朝尚书令江总宅邸的遗址，可谓闹中取静，大隐于市。天高气爽之时，凭栏远眺，东有蒋山（即钟山）茅山，西有三山二水（即李太白诗咏的"三山半落青天外，二水中分白鹭洲"之三山与二水），南有雨花台，北有谢公墩，真乃是一处极目抒怀的绝妙所在。

在南京的亲朋旧友听闻吴敬梓已安居秦淮水亭，纷纷前来道贺，一连数日开怀畅饮，煮茗听雨，晏晏自若。在《买陂塘》词中，吴敬梓写道："身将隐矣，召阮籍、嵇康，披襟箕踞，把酒共沉醉。"来到南京之后，吴敬梓顿觉神清气爽，又作了一篇大赋，名为《移家赋》，一吐胸中块垒，以优哉游哉的心态"寄闲情于丝竹，消壮怀于风尘"。南京城一时纸贵，文人学士纷纷传阅议论这篇大赋，啧啧称叹吴敬梓的才情。

吴敬梓一家来南京一月有余，吴敬梓的夫人叶氏以前没来过南京，要出去看看风景。吴敬梓说："这个好办，我们一同去清凉山玩半天吧！"吴敬梓就携夫人一同前往城西清凉山。吴敬梓拿了些银两给隔壁邻居王奶奶，请她备些酒菜，让人用食盒拿上山去。

清凉山并不高大，却曲折幽深。沿着小路，路边是奇松怪石，又有竹影婆娑，移步换景，意趣盎然。吴夫人看着这风雅景致，不禁说道："敏轩，这里虽没有水，沿着山径而行，却有'行到水穷处，坐看云起时'的妙处。"见到几十株桃花正在开放，她又说："桃之夭夭，灼灼其华。"

不远处的绿树丛中，露出一段红墙来，吴敬梓指着那院墙对夫人说："夫人，那里便是丛霄道院，家父病重时，我曾来服侍过他。白驹过隙，那已是十七年前的事了。我虽逍遥快活，却未得半寸功名，愧对先君啊！"

吴敬梓携着夫人的手在清凉山溜达了好些时光。旁边有三四个结伴来山中游玩的妇人笑嘻嘻地跟在他们后边，叽叽喳喳地议论道："这吴先生真是个大怪人，还能带娘子抛头露面，游山玩水，真是南京城里头一遭的新鲜事啊！"

他们来到山中一八角亭，拿出酒菜来，坐在山亭中吃茶喝酒。吃完之后，吴夫人和王奶奶在山中采摘了几枝桃花，带回家去了。

在秦淮水亭度过几年的快乐时光后，吴敬梓的生活越来越艰难。秦淮是南京繁华之所在，生活用度昂贵，耗费亦多。移家第四年的除夕，吴敬梓的家中竟已无米可炊，妻儿都面带菜色，羸弱憔悴。老友王溯山及时送来大米，吴敬梓才在长吁短叹中度过除夕。

一日，契友樊明征（字圣谟，江苏句容人）来访，俩人烹茶闲聊。

樊明征说道："如今的读书人，讲来讲去无非'举业'二字，如若还会做两句诗，便算是雅士了。至于那些经史上的礼乐兵农之事，全然不懂，也全然不问。"

吴敬梓说："圣谟兄所言极是。"

樊明征说："敏轩兄，你前番被朝廷举荐征辟，虽终辞却，也算为我们这些'举业'之外的读书人长了脸面。"

吴敬梓摆了摆手，说道："圣谟兄见笑。我吴某人是'羊肉没吃到，惹得一身骚'啊！平添这征君虚名，走出去也做不得什么事业，徒惹高人一笑。所以，现在小弟想想不出去也罢！高卧秦淮著稗史，不亦快哉？"

樊明征大笑起来，说道："敏轩兄一向乐观豁达，又诙谐犀利，小弟好生佩服。不过今天有件大事，确实想与兄台商量一番。我们客居这南京城，风景如画，人文荟萃，古今第一个贤人便是吴泰伯，也是敏轩兄你的先祖啊，却没有个专门的祠堂，倒是那文昌帝君殿、关老爷庙遍地皆是。小弟的意思是约几个志同道合的朋友，大家各捐资一些，修建一座泰伯祠。每逢春秋二季，用古礼古乐祭祀。这样，大家既可以学习学习礼乐，也可以为风俗教化做一点事情吧！"

吴敬梓正色道："圣谟兄，你的提议甚好。你我虽处礼崩乐坏之时，大厦将倾，我们也无能为力；但做这事，我们倒可以试试，能挽回一点人心也是好的！"

樊明征说："有你吴征君支持，事半功倍。敏轩兄，我造了个册子，愿意捐资就在上面写上大名。我也没有多少，把历年来坐馆所得，聚在一起，恰好有二百两银子。"

吴敬梓拿过樊明征递过来的册子，沉吟了一会儿，在册子上写下："全椒吴敬梓，捐银二百两。"接着说："圣谟兄啊，不瞒你说，我也没有多少银子，家中有七八口人要养。还好全椒老家还有最后一套老屋，我琢磨着能卖个二百两银子，就悉数捐了。"

樊明征赶紧说："敏轩兄，我看你就少捐一点，五十两吧！家中日常用度又大，还得维持生计啊！"

吴敬梓笑着说道："无妨！无妨！李太白诗云'千金散尽还复来'。"

在吴敬梓和樊明征的倡导下，一年之后，在南京城南聚宝门外，修建起一座先贤祠，又称泰伯祠，主祭吴泰伯。

四十岁时，吴敬梓家中财产已用尽，家庭生活常常没有着落，或以书易米，或赊饼充饥。为了能继续安定地生活和写作，吴敬梓卖掉了秦淮水亭，搬到城东大中桥附近，那里的房价更为便宜，日常开支也降下来不少。新寓所在青溪之南，溪水两岸皆竹篱茅舍，渔歌樵唱不时传来，可谓是一派怡然自得的城市山林景象。这里的房屋环堵萧然，已没有什么像样的家当，只有几十册书。但吴敬梓却在屋外开辟了一块自己的园地，灌园治产，种菜莳花，忙得不亦乐乎。

朋友程廷祚来访时，看到吴敬梓正弯着腰在园子里给青菜浇水，不禁惊呼道："敏轩兄，敏轩兄，你躲在这里闭门种菜，如同佣保杂作，哪个知道你可是个富贵公子出身啊？小弟佩服至极！"

吴敬梓直起身来说："颜回一箪食，一瓢饮，在陋巷，人不堪其忧，回也不改其乐！庄周以打草鞋为生，也可作逍遥神游。我如今也到了颜回、庄周的境地了，自然也不改其乐，现在可以种菜莳花，实现我多年来'灌园葆贞素'的心愿，岂不是乐上加乐！"

程廷祚忍不住笑道："敏轩兄，你永远是个乐

吴敬梓邀请住在他家旁边的好友五六人，趁着月色步行出城。

天派啊！"

一场初雪过后，蒋山、夫子庙笼罩在一片银装素裹之中。冬日苦寒，《儒林外史》还在增删修改之中，吴敬梓写作一段时间后，手脚冰凉，而家中已没有钱财购买酒食炭火。吴敬梓想出一个办法，邀请住在他家旁边的好友汪京门、樊明征等五六人，晚上从南门趁着明亮的月色步行出城，沿着明城墙绕向西南，转而由水西门入城，一路上长啸歌吟，说说笑笑，谈古论今。

路上，汪京门说道："敏轩兄啊，这个法子好，既可以御寒，又可以夜览故都。同时我们还能谈天说地、吟诗作赋。"

樊明征笑了笑，说："关键是，这一举三得的好事还不用花银子。哈哈！"

吴敬梓颔首，说道："是啊，是啊！我看这绕城歌行可称之为'暖足'。"

汪京门、樊明征连声说："好，好，好！寒冬腊月，我们就日日暖足吧。"

汪京门又道："敏轩，最近可有有趣的事又要入《外史》？"

吴敬梓一阵疾行，气喘吁吁，停了下来后，又在原地跺了跺脚。等众人上来之后，他说："前一段时间，我前往浙江探访吴培源先生，路过杭州，在西子湖畔的茶楼，一个朋友跟我讲了一个故事，今说与你们听听，不知好不好玩？话说前朝，一个坐馆的老学究走夜路，忽然碰到他的亡友。学究刚直，从不怕鬼，就问鬼：'你要去哪儿啊？'那鬼就说：'我虽为鬼，绝不欺瞒于你。我在阴间做拿人的小吏，现在到南边的村子公干，你我同路。'俩人并行，看到一间破草屋，鬼就说：'这是一个颇有学问的读书人之家。'老学究就问：'你是怎么知道的呢？'鬼就说：'人在睡梦之中，万念俱灭，元神朗澈，胸中所读之书，字字皆吐光芒，自百窍而出，其状缥缈缤纷，烂如锦绣。学者像经学大师郑玄、孔安国这样的，文士像屈原、司马迁、班固这样的，都是熠熠生辉，照彻霄汉，可与星月争辉。比他们次一些的，光芒数丈；再次一些的，光芒数尺。下等的则荧荧如一盏油灯，仅能照映门窗。当然这些光亮只有我们这些鬼能看到，而人是看不到的。这房屋虽破败，但其光芒有七八丈高，可见也是位学问甚好的读书人！'学究急忙问：'我读书一生，睡中光芒当几许？'鬼支支吾吾不肯说，学究一再催问。那鬼被问得没办法，嗫嚅良久，只好说：'昨天深夜路过你的住处，见你正在酣睡。只见你的胸中高头讲章一部，墨卷五六百篇，经文七八十篇，策论三四十篇，字字皆化为黑烟，笼罩屋上。一些学生在那里诵读，如在浓云密雾中。着实未见光芒，不敢妄语。'老学究大为震怒，呵斥道：'胡言乱语！胡言乱语！'那鬼狂笑而去。"

众人哈哈大笑，都说好玩！好玩！

樊明征接着又说："我听得本朝吴江有位徐大椿先生，是位怪杰，他专门写过一篇文章叫《刺时文》，大概和这鬼魅所言有异曲同工之妙吧！"

吴敬梓顿时来了精神，急迫地说："圣谟兄，赶紧道来。"

樊明征捻了捻胡须，徐徐念道："读书人，最不济。烂时文，烂如泥。三句承题，两句破题。摇头摆尾，便是圣门高第。可知道'三通''四史'是何等文章？汉祖、唐宗是哪朝皇帝？案头放高头讲章，店里买新科利器。读的来肩背高低，口角唏嘘；甘蔗渣儿嚼了又嚼，有何滋味？辜负光明，白白昏迷一世。"

众人一起大叫，妙啊！妙啊！真是痛快解气。

四、辞却博学鸿词科

　　1736年（清乾隆元年），在南京定居三年的吴敬梓迎来了人生中的一件大事。这就是他应征参加博学鸿词科的院试。

　　博学鸿词科，原名博学宏词科，简称词科，也称宏词或宏博。科举考试制科的一种，是在科举制度之外，笼络知识分子的一种手段。唐开元年间始设，称"博学宏词"，以考拔能文之士。宋神宗后，因考试重经义、策论，考生水平降低，朝廷甚感起草诏、诰、章、表等应用文书乏人，遂于宋高宗绍兴三年（1133）置此科。清代康熙与乾隆时曾两次举试，因乾隆皇帝名弘历，"宏"音形义与"弘"相近，故改为博学鸿词。所试为诗、赋、论、经、史、制、策等，不限制秀才、举人资格，不论已仕未仕，凡是督抚推荐的，都可以到京城考试。考试合格后便可以任官。

康熙帝以为，一代之兴，必有博学鸿儒，振起文运，阐发经史，润色词章，以备顾问著作之选。1678年（清康熙十七年），康熙皇帝下诏开考博学鸿词科。凡学行优异、文辞卓越的文人学士，命在京三品以上官员及各地地方官举荐贤才，最后集中到京城廷试，通过者优加录用。此次征聘的多为前朝遗民、名士大儒，坚辞不就或称病者有顾炎武、万斯同、傅青主等十四人，最后李因笃、朱彝尊、潘耒、严绳孙等四人以布衣入选，时称"四大布衣"。

1736年，新皇帝乾隆登基，立刻诏开大清朝的第二次博学鸿词科试。经过地方官的积极物色、寻访，各地都有一批有声望的文人学士被举荐。吴敬梓和他的族兄吴檠、好友程廷祚、李葂等数十人也都被举荐。

最早举荐吴敬梓的是江宁县训导唐时琳。他与吴敬梓住得较近，俩人常诗酒酬唱，交往甚密。唐时琳常常吟咏吴敬梓的诗词歌赋，又佩服他的精研学术之功，于是把吴敬梓推荐给了上江督学郑江。

一日清晨，唐时琳与郑江带着朝廷意旨，乘轿前来秦淮水亭拜访吴敬梓。

唐时琳对吴敬梓介绍郑江说："敬轩兄，这位是上江督学郑江郑大人，号筠谷，浙江钱塘人。"

吴敬梓向郑江作揖道："敬梓久闻筠谷先生大名啊，诗文清淡高远，又精于学术，有皇皇巨著《春秋集义》《诗经集诂》《礼记集注》流布于世。"

郑江说道："敬梓先生见笑了，在下不过是兴趣所至而已。先生乃诗坛领袖，又对《诗经》深有研究，见解独到而又另辟蹊径，在下还得多多向先生请教！"

唐时琳插话说："二位，今天我们不是来探讨《诗经》的。敬轩兄，我与郑大人是为朝廷来征辟先生的。新皇登基不久，即施下鸿恩，破格征召天下饱学贤良之士，再开博学鸿词科，想必敬轩兄已然知晓。敬轩兄，你虽是安徽全椒人氏，可如今寓居小弟所辖学区，特前来请兄参加安徽的院试。"

吴敬梓说："说来惭愧，在下不才，多次科考都名落孙山，功名蹭蹬，两位大人就不必为在下举荐了！"

郑江接过话茬说："敏轩兄，你也不必太过自谦，你的诗情、才学，哪个能比得上呢？此次恩科，虽不会让兄'朝为田舍郎，暮登天子堂'，但也是六十年才一遇的机会啊！通过考试录取，与进士同等。一旦通过院试，再通过廷试，敏轩兄你进而可以做官享禄；退而可辞却，不必做官，也会在朝野上下享有清誉。不谈光耀门楣，也可不辱你全椒吴家书香世家的门庭啊！再者，你也可不再受没有科名带来的腌臜气啊！"

吴敬梓听了郑江的话，回想起在家乡受辱的种种情形，想起父亲吴雯延、嗣父吴霖起临终前对自己金榜题名的热望之情，不禁低下了头，沉默了很长一段时间。随后，吴敬梓说："好吧，既然二位大人不辞劳顿到寒舍垂爱，我吴敬梓不能不识抬举啊！就去安庆府走一趟吧，权当游山玩水。"

不几日，吴敬梓收拾好行装，在水西门码头与在南京的文朋诗友一一话别。老友王溯山拉着吴敬梓的手说："过尽千帆皆不是，斜晖脉脉水悠悠。敏轩啊，我在南京等着你凯旋归来。一切都不必介怀，人生天地之间，若白驹过隙，倏然而已。"吴敬梓说道："兄长说的是，我去去就回，长则三月，短则一月。回来后，你我再临风把酒！"吴敬梓就此登船西去，前往安徽府院的所在地安庆府，参加博学鸿词科的院试。

舟行扬子江中，正值雨后初晴，晓霞青天，千峰竞秀，沙鸟翔集。这情形令吴敬梓心情大悦，心下不禁念起李太白的两句诗："乘风破浪会有时，直挂云帆济沧海。"船很快就到了采石矶，此处乃是李太白饮酒赋诗之所，最终赴水捉月、骑鲸仙去之地。明月如钩，吴敬梓卧饮孤篷，静听着桂棹兰桨中流击水之声，独自畅饮，思接千载，立刻作词一首，以抒发追慕李太白的情怀。

第二日清晨，天空下起了蒙蒙春雨，船行至芜湖码头，吴敬梓想起一位老友朱草衣，他曾寄居芜湖，便舍舟登岸，冒雨徒步走访了朱草衣的旧居。几间房屋在风雨中显得凄清冷落，房前屋后皆被苔藓侵蚀，雨点落在残破的窗棂上，更令吴敬梓倍感寂寥悲凉，他吟咏着老友的名句"秋草人锄空苑地，夕阳僧打破楼钟"，悻悻离去。随即又赋新词一首，聊说旧愁。船离开芜湖，一天一夜之后，扬子江畔的安庆城便出现在轻纱般的雾霭之中。船一靠岸，好友李葂就出现在眼前，他已在岸边等候多时。李葂是安庆人，长期寓居南京和扬州两地，此次也被举荐参加博学鸿词科的院试。李葂为吴敬梓接风洗尘，两人说说笑笑，把酒言欢，畅叙离别之情。

隔日，吴敬梓即到府院报到。安徽巡抚赵国麟主持此次院试，他为人谦逊，虚怀若谷，听闻吴敬梓前来，立即前往拜访。

见到吴敬梓，赵国麟即作揖道："在下久仰敬梓先生啊！久闻全椒吴敏轩'文章大好'，诗词学问皆名冠天下，乃金陵诗坛领袖，我安徽文士之翘楚，今日得见，深感欣慰！为朝廷举荐先生，是我等荣幸啊！"

吴敬梓深感意外，急忙回礼说："一介草民，怎敢惊动府台老大人？敬梓菲才寡学，大人误采虚名，恐有玷举荐啊！"

赵国麟说道："尊府是一门两鼎甲、两代六进士，先祖国对公的门生故吏，遍布天下，哪个不知、哪个不晓？今日，敬梓先生与族兄吴檠先生同时获博学鸿词举荐，也是众望所归啊！"

吴敬梓缓缓说道："我吴敏轩实乃麋鹿之性、山野之人，一贯是草野惯了的。年轻时即患有消渴症，近来时常复发，真是不堪重任、难登大雅之堂啊！让府台大人见笑了！此次来安庆府，也是承郑江、唐时琳二位大人美意，并来当面叩谢府台老大人！"

赵国麟回答说："敬梓先生此言差矣！兄台是世家子弟，怎么能不出来为苍生社稷做点事呢？孟夫子云：'穷则独善其身，达则兼济天下。'兄台胸有丘壑，乃是国家栋梁，怎么能不出来做官呢？江宁训导唐时琳和上江督学郑江向我举荐先生，我特地找来先生的诗词文章拜读，又打听先生的人品行状，皆是一等一的，没有差池。我访的绝没有错，不举荐你，我安徽巡抚不知要举荐何人啊！"

赵国麟盛情邀请吴敬梓留在府中叙谈，晚上又设宴招待了吴敬梓。从经史子集到典章文物，俩人相谈甚欢。吴敬梓也正式答应赵国麟，参加博学鸿词科的院试。

三月间，吴敬梓和族兄吴檠都参加了院试。吴敬梓作了两篇文赋，一是《正声感人赋》，一是《继明照四方赋》，又写了三首试帖诗。不日，府院的预试揭晓了，吴敬梓、吴檠、刘大魁、李岑淼等人都榜上有名。

通过了院试，吴敬梓心情颇为愉快，于是又在安庆盘桓数日，遍游名胜古迹，与参加院试的文朋诗友饮酒作诗，有意无意间又收集了诸多士林间的奇闻轶事。那些举荐来参加院试的朋友一个个地离开了安庆，吴敬梓念想南京城中的妻儿和好友，也就启程东归了。半日功夫就到池州地界，听说九华山，层峦叠嶂，翠峰如簇，秀丽多姿，九峰形似莲花，李太白、杜牧之、王荆公均曾登临其境，吟诗作赋。为一睹九华山的风采，吴敬梓从池州上岸。不想在池州，他碰到一同寓居南京的好友管绍姬、周怀臣、汪京门等人，吴敬梓大喜过望。大家买鱼沽酒，煮茗闲话，重叙离别之情。

吴敬梓说："天下无书则已，有则必当读；无酒则已，有则必当饮；无名山则已，有则必当游。今天有酒，有名山，还有知己，人生美事，无以复加。"

汪京门举杯说："还有你敏轩兄旗开得胜，载誉归来，可喜可贺！来日定然蟾宫折桂。"

管绍姬也附和说道："是啊，敏轩兄，今日起，你这'秦淮寓客'之号就不要说了吧！我们该呼你为吴征君了，哈哈！"

周怀臣举起酒杯，大呼道："吴征君，管夫子，汪丘生，将进酒，杯莫停。与君歌一曲，请君为我倾耳听。钟鼓馔玉不足贵，但愿长醉不复醒。古来圣贤皆寂寞，惟有饮者留其名。"

吴敬梓端起酒杯，一饮而尽，哈哈大笑，说道："诸位兄台有所不知，这征君不过是个虚名罢了，小弟雅号粒民，粒米束薪，一介草民，何足挂齿耳？今日眺望九华胜境，终南山、太华山也不必提了，如若能结庐山林，在这深山泉壑中做个闲云野鹤也是好的。如若走那'终南捷径'，不过也是虚掷光阴罢了！"

众人说说笑笑，约好到南京后再聚。吴敬梓辞别诸友，又叫了船顺流而下，路上遇到逆风，走了三四天，才到芜湖。盘缠也将用尽，吴敬梓准备拿几件衣衫去典当。他看到江边有一古意盎然的亭台，上面写着"识舟亭"，就上岸来了。

上岸后，吴敬梓走进街边茶点铺，要了两个烧饼、一碗茶，吃了起来。这时进来了一个人，一身青色道袍，头挽一个道髻，手拿拂尘，大方脸，且有三绺长髯，乃是一名道士。他一个箭步就跨到吴敬梓眼前，说道："敏轩兄，你怎么在这里？"

吴敬梓被吓了一跳，随即大喜说："崑霞仙长，你怎么在这里？我去安庆看望一个朋友，现在回南京，遇到风浪阻隔，就在这里歇歇脚了。"

来人王崑霞，是吴敬梓在扬州神乐观认识的一名道士。其人仙风道骨，善作词赋，又诙谐健谈，居无定所，常常云游四方。

王崑霞微微一笑，说："吴征君的大名已传遍天下，你还说去安庆看望一个朋友？敏轩兄啊，你不必如此谦虚！春草明年绿，王孙归不归？哈哈！"

吴敬梓被吓了一跳,随即大喜说:"崑霞仙长,你怎么在这里?"

刹那间，吴敬梓的脸红了，说道："崑霞兄说笑了。小弟惭愧！不及仙兄超脱，云游八方，神龙见首不见尾。小弟也是虚荣心作怪，神差鬼使参加了这博学鸿词科的院试，惭愧得很啊！"

王崑霞笑道："我看你拿着衣衫，莫非要典当？盘缠没有了？"

吴敬梓不好意思地说："仙兄真是火眼金睛。小弟拖家带口，远不及仙兄自由，羡慕你潇洒行走人间啊！"

王崑霞拿出十几两银子，递给吴敬梓，说："敏轩兄，这里有一点银子，你且拿去用吧。"

俩人吃了些茶，在江边依依惜别。临行前，王崑霞凭栏远眺，对吴敬梓也像对自己说道："宠辱不惊，闲看庭前花开花落；去留无意，漫随天外云卷云舒。"

回到南京秦淮水亭之后，吴敬梓设宴邀请在南京的诸位好友。当宴席散尽，他的内心久久不能平静。这次去安庆参加院试，诸事顺遂，但把三个月大好春光浪费了，抛掷如尘土，徒得一个"征君"之虚名，现在想想就后悔不迭。博学鸿词科这科制之路已走了一半，还要不要走下去？他一方面希望完成父亲和嗣父的生前愿意，金榜题名，光大全椒吴家"家声科第从来美"的传统；另一方面又要追求自由自在的不羁生活。一方面可以因出仕而迅速摆脱目前这种困顿的生活；另一方面隐逸山林或者说大隐隐于市的念头一直在他脑中挥之不去。吴敬梓陷入了深深的矛盾和彷徨之中。

一个月之后，江宁县训导唐时琳和上江督学郑江又前来秦淮水亭，拜访吴敬梓。而吴敬梓躺在床上，夫人正端着汤药给他喂服。

唐时琳一进门就说："敏轩兄啊，祝贺！祝贺啊！我就说以兄的才情学识，定然是畅通无阻。"

郑江接着说："先生贵恙啊？赵国麟大人传书于我，请先生下月一定起身，晋京廷试。"

吴敬梓脸色苍白，气若游丝，轻声说道："叩谢二位大人垂爱，二位大人的知遇之恩，敬梓没齿难忘。敬梓也算不辱使命，去安庆府通过了院试，赵国麟大人对敬梓也是青眼有加。如今我这消渴病犯了，恐怕会要了我的小命，我就不能赴京参加廷试了。请二位大人与赵府台海涵，草野之人，难登大雅之堂啊！"

唐时琳与郑江带着衙门里的文书，反复前来劝说吴敬梓参加廷试。无奈，皆无功而返，吴敬梓都以病重为由辞却了。辞却博学鸿词科廷试的吴敬梓顿感浑身舒坦，不几日，病就痊愈了。旋即前往好友王溯山的山中别业小住两日。

王溯山是一位诗人、画家，筑庐于南京的蒋山与句容的茅山之间。

王溯山迎了出来，说道："敏轩兄，稀客稀客啊！昨晚我还做梦梦见你乘船在江上遇到风浪呢，不想今日就到寒舍了。哈哈！"

吴敬梓走进庭院，一边踱步，一边说："此地有崇山峻岭，茂林修竹；又有清流激湍，映带左右。溯山兄长此处别业真乃天上人间、别有洞天啊！采菊东篱下，悠然见南山。山气日夕佳，飞鸟相与还。此中有真意，欲辨已忘言。兄长隐居在这蒋山之麓，不免让人缅怀起先贤顾亭林先生。清兵入关后，百姓纷纷削发降清，朝廷下达'留头不留发，留发不留头'的律令，无有违抗。而亭林先生决意做一个前朝遗民，不剃发，不易服，也就只能躲在这蒋山之中读书画画、著书立说。如果不得已要出山一趟，还要稍稍剃掉一些鬓毛，改容装扮成过往的客商，方才能进得城去。他还自署名为'蒋山佣'哩！"

王溯山笑道："在下何德何能与亭林先生相提并论啊！他自署'蒋山佣'，我只能署'蒋山佣之佣'了。哈哈！敏轩啊，我刚得了一幅倪云林的画，你来了，正好欣赏把玩一下。"说完，王溯山从内室拿出了一幅元代大画家倪瓒倪云林的画。吴敬梓目不转睛，绕着画来回走了几圈，说道："真是绝妙好画啊！世人都云倪云林胸中有逸气，无一点尘土，果不其然啊！"

王溯山说："云林先生画作被誉为'神品之上'的'第一逸品'，真是名副其实。哦，对了，敏轩啊，你说说去安庆府有什么好玩的事！"

吴敬梓就细数了他去安庆府院试的一些经历。正说着，外面又来了几位客人，都是王溯山和吴敬梓的好友：王必草、汪京门、樊明征和程廷祚。王溯山急忙安排下人置办酒菜，众人边饮酒边说话。

汪京门首先说道："敏轩兄，啊，不，吴征君，我们池州一别已有近两个月。不知敏轩兄何日启程晋京廷试啊？"

画家王必草说："京门兄，你这是老黄历了，敏轩兄已辞却博学鸿词廷试。封官晋爵他不去，偏偏要做闲云野鹤。"

吴敬梓慨然道："闲云野鹤多好啊！人生在世，不过百年。富贵于我如浮云，何必落得空杯对明月？兴之所至，俯仰之间，皆为化境。一树梨花一张琴，一阵清风一溪云，一本诗书一盏茶，便是人间好时节！"

樊明征接着说道："敏轩兄，你说得是，看得开。以前我听闻你说，科制始，贯索犯文昌，一代文人有厄啊，此言不虚。"

王溯山说："当年唐太宗看见新科进士从端门鱼贯而出，大喜说：'天下英雄入吾彀中矣！'敏轩兄高洁，自然是不入彀中的。"

程廷祚吃了一口酒，说："大儒黄宗羲言，八股科考之后，士子们一生便埋没于少得可怜的几本故纸之中，而其中《四书》《五经》只能以朱熹老夫子的注释为标准，士子们不能有所发挥，所学既无补于经国济世，也无助于独善其身，眼界见识越来越狭隘。所以才有王夫之先生的'六经责我开生面，七尺从天乞活埋'这慷慨旷达之辞、大义凛然之气。我看溯山先生在此安居，与清风为伍，和明月为伴，饮酒作诗作画，做个蒋山里的陶渊明，好不快活啊！敏轩兄辞却征聘，也是逍遥自在的。"

吴敬梓说道："小弟心生惭愧。小弟哪比得上溯山先生？他行吟丘壑间，烧烛观经史，胸襟寥廓，无半点渣滓，乃高隐之士。并有图为证，你们看看溯山先生所作《左茅右蒋图》，小弟以为堪比王摩诘的《辋川图》。"

王溯山坐不住了，脸色虽是淡然，却带有羞赧之意，说道："敏轩兄抬爱，着实羞煞我也！说你这征君是虚名不假，但我觉得你的风流高迈、你的行文出处，堪比那傅山傅青主。本朝第一次博学鸿词试时，傅青主早就是名动天下的'学海'，工书善画，博极群籍，在经史子集、文学诗词、书法绘画、钟鼎文字、医学武术诸领域皆有精深造诣。当地官员举荐他赴京廷试，可他称病辞却。阳曲知县只好奉命强押'礼送'他入京。到京后，傅青主依然称病，高卧不起。宰相冯溥等一干满汉大臣对其礼遇甚隆，多次拜望诱劝，可他靠坐床头，泰然处之，最终也没有去参加廷试。可皇上还是敕封他为'内阁中书'，他也不跪拜谢恩。回家后，他依然坚称是民，而非官。遥想傅青主尚志高风、介然如石，近观吴敏轩追慕前贤、坚卧烟霞，不亦悦乎？我看你的嶔崎磊落，又甚于傅青主呢！"

吴敬梓连忙摆手道："溯山兄打趣小弟了！"

众人喝茶吃酒，观山景，说古今，一起快意地度过了一日时光。

当年十月，晋京参加博学鸿词科廷试的二百六十七人，被录取的只有十五人。族兄吴檠、好友程廷祚均名落孙山，而与吴敬梓一道参加安庆府院试的李岑淼在京偶染风寒，竟然一命呜呼，死在这功名富贵的门槛之下。吴敬梓听闻这些消息，喃喃自语道："一代文人有厄，文人有厄啊！"

五、儒林自有奇女子

　　一日，好友樊明征先生到访吴敬梓的寓所——秦淮水亭。进屋后，他要了一杯茶，就对吴敬梓说："敏轩兄，我今日路过利涉桥，遇到一件奇事。在桥头巷口，挂有一块木板，上书隽秀小楷——松江女士张宛玉，精工顾绣，写扇作诗。寓居巷内，赐顾者幸认'松江张'招牌便是。你说奇怪不奇怪？这南京城是何等地方！四方名士、八方墨客数还数不清哩，还有谁去求一个妇女家的诗文？我看你敏轩兄如此大才，文章词赋占尽风流，也没有多少人来求诗求文哩！"

　　吴敬梓微微一笑，说："圣谟兄莫要取笑我了，人云：人不可貌相，海水不可斗量。你怎就知道那张女士没有才学呢？"

樊明征悻悻地说："我看这张宛玉女士明明就是借着刺绣诗文的招牌来勾引人，实作暗娼勾当。大概就是既要做婊子，又要立牌坊的意思吧！哈哈！"

吴敬梓抿了一口茶，说："你我正好无事，不妨前去一探虚实。"

俩人从吴敬梓家中出来，一炷香的功夫，就溜达到利涉桥边的巷中，径直走到挂着"松江张"招牌的房子里。房间不大，走到二进处，有一青年女子正坐在窗前娴静地写字。只见她略施清雅淡妆，好生标致，一幅"清水出芙蓉，天然去雕饰"的模样。

这位张宛玉女士站了起来，淡淡地说："请问二位先生是要刺绣呢，还是要画扇作诗啊？"

吴敬梓心头不觉一震，悄悄地对樊明征说："此女子还真不是凡俗之人、邪亵之流。"

樊明征自报家门道："鄙人乃句容樊明征樊圣谟，侨居南京。这位是全椒吴敬梓吴敏轩先生。我不说你大约也是知道的，诗词文赋，俱是圣手。"

张宛玉大吃一惊，赶紧向俩人作揖请安，说："小女真是不甚惶恐，何德何能竟引二位大先生造访寒舍？二位先生大名早就如雷贯耳，樊先生能诗擅文，博古通今，经史子集无所不通，还精于篆隶之学；吴先生一代风流人物，诗坛领袖，哪个不知？家父曾对我言，秦淮河畔吴敬梓，可是真正豪杰之士。小女仰慕已久，今日得见二位先生，真是荣幸之至啊！"

吴敬梓赶紧说道："姑娘说笑了，我吴敬梓一介寒士，吃了上顿没下顿，哪里是什么领袖啊？敢问姑娘为何要做此营生？不免叫世人生疑！"

张宛玉迟疑了一会儿，说："二位先生有所不知，容我慢慢道来。我来南京已近一月，现在已身无分文，无他谋生之技，只能班门弄斧，以此为生。凡到我这里来的，有的把我当作倚门暗娼，有的心下嘀咕，以为我是江洋大盗。他们都讨得我一顿臭骂。"

张宛玉又对吴敬梓说："敢问先生是一人客居在此，还是与夫人同在南京呢？"

吴敬梓微微一笑，说："拙荆与我连同犬子三个一同住在秦淮水亭。姑娘若有闲暇，可至寒舍吃茶小叙！"

张宛玉连忙说道："那这样小女改日定然登门叨扰先生和夫人，望勿见怪！"

吴敬梓对樊明征颔首一笑，俩人心照不宣，对宛玉姑娘有一种说不出的激赏之情。

几日后，咚咚咚！一阵急促的敲门声叩击在秦淮水亭的门板上。主人吴敬梓正在油灯下读书，夫人叶氏正在做女红。

吴敬梓去开了门，一看是前几日与樊明征一起探访过的奇女子张宛玉，说道："张姑娘，你赶紧进屋来，这么晚了莫非有事？"

随即吴敬梓把张宛玉迎进屋内，这位张姑娘随身还携带着包裹，也拿进屋里。又与吴夫人见礼，坐下奉茶。隔壁邻居王奶奶闻得动静，也凑过来看看热闹。

吴夫人有些诧异，说："哦，你就是敏轩说的张宛玉张姑娘吧？"

张宛玉点头称是："正是小女。"

吴夫人又道："你一年轻姑娘，寓居在外，可有同伴？家里令尊令堂还好吧？"

张宛玉低下头，神情黯然，说："家父常年在外坐馆，小女儿时，家母就已故去。我自幼学了一些针线活，能做点手工刺绣，跟家父学一点词赋，因而到这大地方南京来，讨口饭吃。前几日，承吴先生与樊明征先生探顾，相约到府上，不想得夫人垂爱，小女真是感激涕零！"

王奶奶在一旁帮腔道："这张姑娘的诗文我是不懂的，但这手工真是出奇得好，我乡下外甥来看我，他常年未有生育，就买了张姑娘的一幅刺绣'送子观音'，观音大士慈眉善目，胖小子活灵活现，就是画的画也没有这绣的好。"

张宛玉慌忙回答说："哪里！哪里！胡乱绣了一通而已，奶奶见笑了。"

吃了两口茶，张宛玉突然走到吴夫人面前，双膝跪地，说："吴先生，吴夫人，我实在是没得法子，虽说我在南京城想靠刺绣作诗为生，无奈多日没有生意，身上的盘缠也用尽了，租住人家的房子又没有租金，被房主赶了出来。在南京城，我是举目无亲，也只知道吴先生是急公好义、义薄云天之人，想在你们家借住些时日，不知会不会给你们添麻烦？淮安程家的人可能也会追我到此，夫人救我！”

吴敬梓说：“不妨事的，只是寒舍太简陋，不知姑娘能否住下？”

吴夫人又说道：“姑娘如不嫌弃，我马上把北偏房收拾一下，今晚就可安顿下来。”

这时，张宛玉微皱的双眉缓然舒展开来，一五一十地把她的经历道与吴敬梓夫妇。

原来，这张宛玉的父亲是个贡生，在扬州坐馆，半年前，认识了一个叫程为富的大盐商。程为富富甲一方，除去经营盐务，还在淮安城开了数十家典当行和银楼。程为富听闻张家有一个待字闺中的女儿，生得如花似玉，便央人前来提亲。张父也甚为不易，妻子早就去世，十几年终于把女儿拉扯长大，觉得这是个难得的机会，后半生可因此依靠女儿生活。回来后，他就问宛玉：“你觉得这门婚事如何？”宛玉默不作声。张父连连催问，最后，宛玉只好说：“全由爹爹做主吧！”宛玉想，父亲也不容易，若自己嫁出去，父亲晚年也算老有所依，不至孤苦伶仃，权当尽孝吧！后来，程家就送来了些许绫罗绸缎和金银器皿作为聘礼。张父就择日收拾包袱，带着宛玉，坐船前往淮安成亲。到了淮安河下码头，父女俩住进客栈。不多时，就来了一顶小花轿，两个老轿夫抬着，并没有鼓乐笙箫，甚为冷清。经打听得知，程为富迎娶宛玉只是做小妾，并不是做妻。张父是个读书人，自忖对不起女儿，也对不起死去的老妻，一时顿觉天旋地转，一阵眩晕，差点昏过去。宛玉不慌不忙，对父亲说："父亲莫要置气，事到如今，我不去他家倒受人议论，我这就去程家，自有主意。"宛玉梳洗打扮一番，盖上红盖头，坐进小轿，就去了程家。张父只在一边流泪，一时哽咽，说不出话来。宛玉一进程家门，就对主事的人说："请老爷出来说话，把婚书拿给我看。我松江张家，不是什么低三下四的人家，也是书香门第。你既要娶我，怎么不张灯结彩、敲锣打鼓？把我悄悄抬过来，当作纳妾一般，寒酸不寒酸？"程府上下一听这话，顿时慌了神，立马报给正在算账的老爷程为富听。程为富听了大为光火，气得涨红了脸，气呼呼地说："像我们这样的人家，一生少说得娶两三个小妾，都像她这般淘气，日子还怎么过？"程为富躲了起来，对管家说："你对新娘子说，老爷有紧急公务，今日不在家。速封五百两银子给张先生送去。"管家得令去办，只得对宛玉说："老爷有紧急公务，新娘权且进房去吧！"宛玉见此情形，不哭不闹，就在程府住了下来。程府后院造有一园林，竹树交错，假山流水，有亭台楼阁相连，也是一番好风光。宛玉心想，如此优雅的所在，料想那盐商也不会欣赏，就容我滞留几日细细观瞻。第二日，程府的管家就兑出五百两银子送与张父，且叫他打道回府。张父一听，便明白了，说道："他分明是拿我女儿做妾，伤天害理啊！"就跑到山阳县状告程为富。知县看了状子，说："这张父既是贡生，也是衣冠中人，怎肯把女儿与人做妾呢？这盐商也太骄奢蛮横了。"程家下人得此消息，速拿金银打点知县。知县得了程家的大把好处，就判张父败诉，把张父轰出了衙门。

　　过了几日，也不见父亲来探望，宛玉知道盐商必使了手段，心想此地不可久留。于是打定主意，准备开溜。她将房中的金银器皿、珍珠首饰打进包袱，又装扮成下人模样，花几枚碎银子买通了丫鬟，趁着夜色逃出了程府。心道，回老家松江，定会遭家乡人耻笑，索性先到南京落脚，看看再说。宛玉就一路来到了南京，在利涉桥边租房，以刺绣卖文为生。

大家听了，不免一阵唏嘘。吴敬梓站了起来，大声说道："盐商的富贵与奢华，多少士大夫见了都销魂夺魄。而你一介女流之辈，弱小女子，竟然视如草芥，真是可敬可佩啊！他要是追来，你也莫怕，住在我家，我可与他去县衙辩护，我看也无大碍。"

张宛玉在吴敬梓家中小住了一段时间，每日刺绣作诗，读书不解或偶有诗作，皆及时向吴敬梓请教。她也帮吴夫人做一些家务，带一带孩子，真是"若无闲事挂心头，便是人间好时节"，这位从盐商家中叛逃出来的姑娘，享受了人生中最为安闲美好的时光。吴敬梓乃南京城中名士，自然也就传出了一些风言风语。吴敬梓的好友程廷祚还专门写了一封长信，说这张宛玉女士确实是位聪明令淑、瑰琦倜傥的奇女子，转而又责备她作为女人不遵三从四德，一意孤行，实为妖邪，希望吴敬梓将她引上正路，送她回父母家中。在程廷祚看来，这是名节之事，他规劝吴敬梓要小心处理，不可有悖纲常收留风尘叛逆女子。吴敬梓收到来信，阅后便收放了起来，并未在意，对待宛玉仍是一如从前。

不几日，樊明征急匆匆地赶来，不远处还来了两个差人。吴敬梓吓了一跳，说："圣谟兄，所为何来？怎么有两个衙役？"樊明征低声说："他们俩个是江宁县的，受山阳县知县委托，拿着县衙缉捕的文书要到你家拿人，说宛玉是程家逃出来的一个小妾。"吴敬梓面带难色，说："宛玉现在正在家中，如果让人拿了去，就像我指使似的；如果传到山阳县，又像我窝藏她的。"樊明征与吴敬梓商量，塞给差人几钱碎银子，叫他们去利涉桥等候。吴敬梓转身进屋，把这事向宛玉细说了。宛玉起身，大声说道："先生，夫人，这个也无妨。差人在哪里？小女随他去就是了。"说完，宛玉就随差人去了江宁县衙。

这江宁县的知县乃是江南文坛领袖，早年中得进士，春风得意，诗词文章皆卓然大家。上堂便责问她道："你既是女流，为何不守三从四德？私自逃跑，还窃了程家些许金银，是何道理？"

宛玉不慌不忙，缓缓说道："程为富为富不仁，强占民女为妾，家父与他到山阳县打官司，哪知他又买通知县，把家父断输了，我与他有不共戴天之仇。我虽不才，自幼跟随家父学习诗词歌赋，也略通些文墨，怎肯与他一个酒囊饭袋、蝇营狗苟之徒做小妾呢？"知县觉得她说得甚为有理，又道："听闻你颇懂诗文，可有诗作呈上？"知县叫人笔墨伺候，不一刻，宛玉即得诗一首："五湖深处素馨花，误入淮北估客家。得遇江州白司马，敢将幽怨诉琵琶。"诗中"江州司马"即喻指知县大人如同白居易，顺便大大拍了一把知县的马屁。即便如此，知县还是怀疑诗作可能由他人代写，又指着县衙庭院里的枯树对宛玉说："请以此枯树为题，现场作诗一首如何？"宛玉走到院中，看着枯树，须臾之间，即得诗一首："独立空庭久，朝朝向太阳。何人能手植？移作后庭芳。"知县大人大为惊

宛玉走到院中，看着枯树，须臾之间，即得诗一首。

叹，此女才思敏捷，此诗诗意颇有古风。所以他当场就下了判文："念松江民女张宛玉颇通文墨，才女嫁俗商，不相配。故释张宛玉背逃之罪，令其回故乡，不得在南京逗留。盐商程为富也不得再追究此事。"并抄录一份给山阳县知县。

江宁知县公正审断张宛玉一案的消息在南京城不胫而走，时人无不拍手称快，成为文坛一桩风流佳话。吴敬梓与樊明征听闻后，也甚感欣慰。

女子的命运各不相同，张宛玉是位奇女子，也有不错的结局。回想去年，吴敬梓在扬州时，表兄金榘对他讲述休宁"烈女"的情形不禁浮上心头，一阵酸楚之感不由袭来。

当时，金榘对吴敬梓说："敏轩啊，我去安徽休宁县做训导时，认识县里诸生汪恰闻，人倒是忠厚老实，但年年考试，年年落榜，只落得家徒四壁，穷困潦倒。家中只生养一位小女，视若掌上明珠。女儿嫁到二十里开外的一个庄上，未料，刚婚配不久，女婿就染得重病，这六十大几的汪老先生就徒步前往探望。一到女儿家，女婿就死了。令人想不到的是，女儿见到汪老先生后第一句话就说：

'我而今辞别公婆、父亲，也便寻一条死路，跟着丈夫一处去了！'自然，这老先生从小就给女儿灌输了不少'从一而终''贞洁烈女'的荒唐心事！却说这公婆还颇通事理，都惊得泪如雨下，哭哭啼啼，对儿媳说道：'孩子，你气疯了！自古蝼蚁尚且贪生，你怎么讲出这样话来！你生是我家人，死是我家鬼，我们做公婆的怎能不养活你？快不要如此！也不要让你父亲担心了。'这汪恰闻倒好，反劝说亲家道：'亲家，我仔细想来，我这小女要殉节确然是真切的，倒也由着她行罢。自古云"心去意难留"。'又郑重其事地对女儿说：'闺女，你既如此，这是青史留名的事，我难道反拦阻你？你竟是这样做罢。我今日就回家去，叫你母亲来和你作别。'你说，混账不混账！天下竟然有这样的父亲？"

吴敬梓接过金榘的话说："既想做婊子，又要立牌坊，其实并不全由女人引起的，而是由汪恰闻这样迂腐的读书人引起的。徽州府休宁县大大小小的贞节牌坊数也数不清啊！徽州府的烈妇天下闻名，果然名副其实啊！"

金榘说道:"汪恰闻回家后,家里老婆子痛哭说:'你这老头子越老越呆了!女儿要去死,你该好生地劝她,怎么倒叫她死?这是什么话说的啊!'老婆子急匆匆地赶往女儿家,哪知这女儿每日正常梳洗,陪着母亲坐着,只是茶饭全然不吃。母亲和婆婆着实劝说,千方百计,她就是不肯吃。饿到第六天,就不能起床了。母亲看着,伤心惨目,痛入心脾,也就病倒了,抬了回来。后来,女儿终于从一而终,绝食而亡。报丧的人来到汪家,汪恰闻确知女儿已殉夫而陨,竟然仰天大笑,连说:'死得好!死得好!死得好!'真是可怜可悲!"

吴敬梓长叹一声,一字一顿地说:"唉,可悲,可怜,可恨!"

金兆燕在旁边说:"表叔,我后来听休宁县的人说,这汪恰闻听不得老婆子天天痛哭流涕,就跑去苏州散心。到苏州那日,看到河中船头立着一位穿白衣的妇人,看其身段,像是自己的女儿,心下哽咽,两行热泪就滚滚而下,索性坐在地上大哭一场,周围许多人劝他也不听。后来,这汪恰闻一见到白衣妇人，就会摊在地上大哭一场，旁人劝也劝不住。"

吴敬梓说："牌坊是立起来了，可女儿永远没有了！大儒程颐说'饿死事极小，失节事极大'，我看也是混账话。朱熹大先生说'存天理，灭人欲'，也真是可怕啊！读书人沽名钓誉，全拿女人来殉葬。"

六、水西门外别贤契

夕阳西沉，微微泛起涟漪的河面，反射着薄暮的余晖。

吴敬梓一路赶往水西门，送别老友吴培源。一见面，吴敬梓就拉着吴培源的手，长叹一声，不禁涕泗横流，说道："贤兄此去，不知何时才能再见！小弟顿感从今往后无所依归了！"

吴培源白发丛生，已是近六十的老人了。他来南京已有六七年光景，平日素与吴敬梓交好，俩人情同手足。吴培源比吴敬梓大十三岁，论起来，还比吴敬梓大一个辈分，所以，俩人又如同叔侄。

一阵秋风刮过，从高大坚实的明城墙上飘下几片枯黄的落叶。落叶掉进秦淮河里，片刻功夫，就被暗流涌动的河水带走，不知所踪了。吴培源看着眼前情景，不禁凄然，随即把吴敬梓邀到雇来的船中。

"敏轩啊，不瞒你说，我本赤贫之士，家境贫寒，来江宁府上元县做了六七年教谕，每年也就聚得几两俸金，这么多年下来，只挣下三十担米的一块田。我此番先进京述职，而后将去往浙江混个知县，做个七品芝麻官，多则三四年，少则一两年，指望能积得一些俸银，多添得几担大米罢了。你看我华发早生，已如千堆雪。我想两三年之后，有点积蓄，告老还乡，养活自己和老妻。子孙们的事，我是甩手掌柜，什么都不去管他们的。小儿子在读书之余，我还教他学医，尚可糊口，也不至于像我这样一个做官的，连一家老小都难得养活。"

吴敬梓安慰他说："贤兄此次北上南下，所见风物景致，或萧索雄峻，或旖旎温润，各不相同，可多多作诗，寄与小弟欣赏。"

吴培源又说："那是自然的。等我在浙江安顿好之后，就寄信与你，请你过去游玩，饮酒畅谈。"

吴敬梓起身作揖道："小弟在南京静候佳信，一定要去贤兄的地界游冶一番，届时你我再联句，作诗百首。"

说完，吴敬梓与吴培源掩泪作别。吴敬梓站在岸边，一直望着吴培源的船渐渐消失在视线里，方才离开。

吴敬梓一直敬吴培源为兄长，内心又把他视为可敬的长辈。吴培源虽说也中了个进士，却全然与那帮官老爷、假名士不同。进士授予县学教谕之职，得官低下至此，不免令人不平。

吴培源，号蒙泉，江南无锡县人氏。他命蹇时乖，幼年时即丧父，正如他所言，是"赤贫之士"，从小即与寡母寄居在舅舅家，进得私塾念书识字。等到他十七岁时，竟然也能赋诗填词，于是舅舅就托人让他跟无锡诗坛盟主杜云川先生学习诗文。青年吴培源整天学习诗词歌赋，也习得一些佳作。

隔壁有位佳邻邹老爹，是个热心人，处处帮衬提点吴培源。一天，邹老爹就对吴培源说："培源啊，你可听我一言？"

吴培源赶紧作揖道："老爹尽说无妨，培源洗耳恭听！"

邹老爹说："你一介寒士，光学诗词歌赋，无以营生，将来还要娶妻生子。我觉得你还得学两件糊口吃饭的本事。"

吴培源答道："老爹说的是，那是自然。"

邹老爹接着说道："一件事，我年少时学过一些风水地理之学，也略可为人打卦算命，择日选穴亦可，你若不嫌弃，我可统统教与你，也算一件营生。二件事，我看你整日读书，还是去买几本考卷读一读，学一学八股制艺，改年去应个考，进个学，将来可以坐馆，也是一件营生。"

吴培源听进了邹老爹的话，学得风水、择日，也中了秀才。后来就娶妻生子，常以坐馆为生。到了三十二岁这年，吴培源坐馆的村庄突生变故，他没馆子可坐了。夫人就问："今年如何？"吴培源不紧不慢地说："这家不坐也无妨。我自坐馆以来，每年能有三十两银子的收入。假如年初只得二十几两，我自然心焦，到四五月，大不了就多添几个学生，或者帮人润色作文，再有几两银子也就补足了。假使这一年多出了三五两银子，我心里当然更是欢喜：好啊，今年又多赚了几两。凡事无定数，银子没了，想法子再赚就是了。"夫人频频点头称是。

不出两日，果然邹老爹过来说，赵村有一个老人家刚刚归西，请他去看坟地。吴培源就带着罗盘，按"入山观水口，登穴看明堂"之规，在村子周围跑了大半天，登土丘，涉浅水，终于在两水汇合之地给赵家选了一块吉地，喻意为穴主后人富贵有才。赵家人千言万谢，给他十二两银子。随后，吴培源便叫了一只小船，顺水路归家。此时正是阳春三月，莺歌燕舞，桃红柳绿，一派春和景明的景象，吴培源心情愉悦，哼着小曲，好不快活。突然，"扑通"一声，岸上有一人跃入水中。吴培源赶紧叫船家摇橹过去，把跳河的人救上来，又给他换上干净衣裳。吴培源就问："敢问小哥，这阳春三月，你因何事想不开，要寻短见啊？"那被救上来的青年说："先生，你有所不知，我就是这岸边的农庄人家，租了些地过活。去年歉收，收了稻谷交给田主之后，已经什么都不剩了。谁料到，今春老父亲一病不起，就死在家中，我这里竟然没有半两银子，也买不上棺材。唯一的亲人死去，都没有一块棺材板入殓，我想我活在世上还有什么意思呢，不如死了拉倒！"吴培源听后，沉吟片刻，说："这也不打紧，可怜有你这份孝心。但我看也不值得寻死觅活的，我这里刚得了十二两银子，是我在赵村看风水所得；我也不能全给你，我还要出去坐馆，需留足几个月的盘缠。我呢，如今送你四两银子，你拿去再与乡里乡亲说道说道，大家自然会帮衬你，去安葬了你的老父吧，而后好好过日子。"说罢，吴培源便拿出四两银子交与那跳河的青年，那青年跪下来磕头，拜谢而去。

此后，吴培源又坐了七八年的馆。到四十岁时，他去江南贡院参加乡试。邹老爹就说："培源啊，我看你今年要高中啊！"吴培源笑了笑，说："何以见得？"邹老爹说："你做的事有功德，积了很多阴德。"吴培源说："我哪有什么阴德啊！惭愧惭愧！"邹老爹说："你替人选穴葬坟，真心实意。在路上，你又拿出银子帮人家葬父。这都是阴德啊！"吴培源爽朗地笑了起来，说："阴德就像耳朵中响声，只有自己听得晓得，别人都不晓得。如今这点小事，老爹您都知道了，哪里还叫什么阴德啊！"果不其然，吴培源就中了举人。后来，他应乡里出去的一位老大人——大学士河南道总督嵇曾筠的邀请，去了他的衙门里，做了个写写画画的幕僚，协办公文公事，也代人作些诗文，用来养活一家老小。

一晃，吴培源五十岁了，就凑足盘缠，进京会试，又轻松中了个进士。那些中进士的，五十多岁、六十多岁的比比皆是，履历上写的都是三十、四十。而吴培源在自己的履历上却写的是五十岁，清清楚楚。吏部铨选时，主事者一看他这履历就道："这吴培源虽是进士，却已年过半百。又喜欢诗词歌赋，只能给他个闲差！"江宁府属上元县正缺一个教谕，朝廷就派吴培源补了此缺。本来中了进士，吴培源可以留在京城，但他跟那些权臣王公没有半点瓜葛，只能干个穷翰林。翰林的俸薪也少得可怜，每一季不过四五十两银子，一年下来，不到二百两银子。京城大，居不易，车马、室屋、衣饰、饮食等，没有一样不要花钱的。再不济，到地方做官，进士至少可做一个七品知县，可吴培源却只补得上元县教谕，叫人郁闷而又无奈，很多同年进士还为他愤愤不平。吴培源却欢喜道："昔我往矣，杨柳依依；今我来思，雨雪霏霏。我又可以回到江南去了！南京是个好地方，有山有水，虎踞龙盘而又人文荟萃，离我的家乡还近。我此去南京，再把妻子儿女接到一起，远强于在京城做个穷翰林啊！"就这样，吴培源就来到南京城，又从老家无锡把妻儿接来，在秦淮河畔租了房子，一家人生活得其乐融融。

吴敬梓移家南京后，吴培源不久即到上元县做了教谕。俩人在一次文人雅集上相识、订交，成为至亲至信的莫逆之交。俩人皆善诗词，常常联句作诗。他们相互推崇对方的才情，也表达彼此失意的感慨与惋惜。六七年间，吴敬梓与吴培源在一起度过了许多美好而闲散的快乐时光：他们箫管夜游，钟山探得第一春；他们佯狂畅饮，追慕嵇康、阮籍；他们郊游青山，闲吟舒啸，笑对人生。

话说有一日，吴敬梓去拜访吴培源。吴培源异常高兴，对吴敬梓说："敏轩啊，什么风把你给吹来了？"吴敬梓说道："兄长，我最近正在写一部书，以写士林之事为主，写了几篇初稿，想请兄长过目。小说家者流，盖出于稗官，街谈巷语、道听途说者之所造也。哈哈！"吴培源一边翻看吴敬梓带来的书稿，一边急呼："奇哉妙也！敏轩啊，我看这《水浒传》《三国演义》《西游记》和《金瓶梅》四大奇书又要有新说法了！今后要加上你吴敬梓吴敏轩这部，成五大奇书了。"

吴敬梓吃了口茶，苍白的面孔上露出孩童般天真的笑容，说道："书还没写完，我越发明白老杜为什么说'文章千古事，得失寸心知'了！"

吴培源又道："敏轩啊，曹丕说文章是'经国之大业，不朽之盛事'，你的书确然。哦，对了，敏轩，你来得正好，否则我还要去找你呢！前日，城南徐将军府里出了个烈女，托我作一篇墓志铭，封了润笔费银子八十两。我转托与你，请你把这银子拿去权当赏花沽酒之资吧！"

吴敬梓明白这是怎么一回事了，立即说："难道这墓志铭，兄长也作不来吗？为什么转托于我？"

吴培源把银子递了过来，说："敏轩，我哪里有你那般才情？你就不要推脱，拿去做一做吧！"吴敬梓也不好推脱，就收下了银子。

吴敬梓自万贯家财散尽，生活拮据，穷困潦倒，在南京城几乎人人皆知。常有人找吴培源作些碑文、传记之类，他就想方设法转托于吴敬梓，并把人家给的润笔费也一并转与吴敬梓。用这样的方式，吴培源暗暗地帮衬了吴敬梓不少。

吴培源在屋内踱了几步，说道："敏轩，我倒想起一件事，似乎可以入你书中啊！"

吴敬梓顿时来了精神，说："快，快！兄长快快详细说与我听听。"

吴培源说："去年夏日，我前往江南贡院公干，同僚跟我说起过一个名叫黄进之的中举的故事。黄进之是个老童生，五十几岁连个秀才也没考取，跌跌爬爬地在乡下以坐馆为生，家里常有断炊之忧。乡里有几个做生意的，常常往返于南京与乡里间，其中一人是黄进之的表弟，表弟就叫黄进之跟他进城玩耍一番。黄进之一辈子苦读诗书，知道南京是'江南佳丽地，金陵帝王州'，自然求之不得。到南京后，表弟去做生意，他独自一人溜达到夫子庙游玩，路过江南贡院，看到明晃晃的牌匾挂在高高的门楼上。他心下一热，想，我一个读书人，一辈子都没进过贡院，真是件遗憾又丢人的事。当下，黄进之就侧身挤到门口，想进去看个究竟。哪知却被看门的发现呵斥一番，撵走了。晚上回来，他把想看看贡院的事告诉了表弟。第二日，表弟带着黄进之及一干做生意的同伴又来到贡院，到了门口，偷偷塞给看门的几枚碎银子，一伙人便畅通无阻地进去了。进了贡院，黄进之抬头仰望围墙，高有数丈，竟然有两重，上面布满铁做的荆棘，以防夹带作弊，又称'棘围'。众人一路说笑，来到贡院的中心位置明远楼。这明远楼，楼宇层出不穷，四方形，飞檐出薨，四面皆窗。站在楼上，整个贡院一览无余，可监视应试士子，防止院内执役传递作弊。众人啧啧称奇。又过了贡院的第三道门——龙门，取意鲤鱼跳龙门。过了龙门，院内便是密密麻麻的号舍，有人指着号舍对黄进之说：'黄客人，这是"天字号"，你可自己进去看看。'黄进之进了号舍，只见两块号板码得整整齐齐，不觉鼻子一酸，眼前一黑，长叹了一声，一头撞在了号板上，顿时昏厥过去，不省人事了。众人把黄进之放平，抹胸捶背，拿了碗凉开水给他灌下。黄进之缓缓醒来，喉咙里'咯咯'一响，吐出一口浓痰来。众人都说：'好了！'哪知那黄进之看着号板，又是一头撞了过去。但这次并没有撞死过去，而是瘫在地上，嚎啕大哭起来。众人劝也劝不住，就对他表弟说：'你这表兄也奇怪，是不是疯了？我们在贡院玩得好好的，你家又没有死人，干嘛这般嚎啕大哭，如丧考妣！'黄进之什么也听不见，只管伏在号板上哭，'天字号'哭完，哭'地字号'；'地字号'哭完，哭'玄字号'……声嘶力竭，满地打滚。众人无奈，只得架他起来。他狂号一阵，直哭得口吐鲜血。"

吴敬梓颔首微笑，说道："我琢磨着……这黄客人的来历出处，我已略知一二了。呵呵！"

吴培源继续讲道："众人把黄进之架出贡院，来到一处茶社，大家一起点了茶水。黄进之也不吃茶，就坐在那里偷偷地抹眼泪，伤心欲绝，众人不免觉着凄惨难过。有人就问：'黄客人，为什

黄进眼前一黑，一头撞在了号板上。

么你今天见了号子如此嚎啕大哭啊？'表弟接话说道：'诸位朋友有所不知，我这表兄乃一介书生，并不是生意人，苦读了几十年诗书，也未得进学，秀才也未曾中得，今日看到贡院号舍，不免伤心起来。'听得此话，黄进之又放声大哭起来。表弟说道：'表兄也是赤贫之士，连坐馆也是时断时续，可怜落得如此光景。'其中一个客人说道：'我看令兄也是有才学的，就是没有人识得他，所以委屈到这般田地。我听说监生也是可以入场考试的，黄客人既然是有才学的，我等众人何不成人之美呢？一起凑些银子，捐他一个监生，让他进场。如若中了，也不枉今日这一番心事。话又说回来，每人不过几十两银子而已，黄客人中了话，他还在乎这点银子？就是做了老爷，他也记着我们的好哩！就是不知黄客人可否俯就？'黄进之当即就向众人跪下，磕了几个头，说道：'若得如此，列位便是我的重生父母，我黄某人做牛做马，也要感恩戴德、报效列位贤德！'众人都说好，于是在场的人纷纷解囊，一人出了几十两银子。表弟拿了二百多两银子，很快就把黄进之捐监之事办妥了。不几日，学政来省巡视补录生员，看到黄进之呈上去的文字，就圈了个贡监首卷。八月秋闱，黄进之走进江南贡院，参加乡试，见到自己曾经恸哭的所在号舍，不禁喜出望外，可谓'人逢喜事精神爽'，有如神助，一口气作了七篇文字，篇篇如花团锦簇，熠熠生辉。不几日，放榜出来，果然中了。表弟又筹得一些银子，请以前拿银子捐监的朋友大吃一顿，还了他们的债。大家无不欢喜。第二年，黄进之上京会试，又中得进士。后来点得御史，去外地赴任了。"

吴敬梓呷了口茶，说道："进之，进之，果然在举业上盈科后进，最终进学了！"

吴敬梓想到吴培源的一桩桩行状以及他们两人在一起饮酒酬唱、听曲联句的美好时光，不禁黯然神伤。

晚上回来，吴敬梓又与老友程廷祚碰面。吴敬梓把他在水西门辞别吴培源的情形讲给程廷祚听，两人不免一阵唏嘘。

程廷祚说："蒙泉先生胸襟冲淡，真乃当世高人也！他既不热衷科举时文，也不热衷升官发财，又不像敏轩兄您这样对时文科制疾之如仇。他不以科制介怀，亦未放弃举业，仅仅以举业作为养家糊口的营生，真是豁达；他不谋求升官，却也不弃官，可以自养家小。"

吴敬梓说："是啊，蒙泉先生虽有功名，中得进士，却无半点进士的狂傲之气；他有文名，诗文俱佳，却无名士装模作样之态。真是了不起啊！他并不热切追逐功名富贵，却又不是不食人间烟火的仙班高士。他只是坦坦荡荡，本色做派而已。"

程廷祚叹了口气，说："名利场中空扰扰，十年南北东西道。这士林，也是个名利场，坦荡做人，本色行文，绝不阿世盗名，说起来容易，其实做起来却是大不易啊！放眼望去，又有多少文人墨客可以做到呢？"

吴敬梓说道："蒙泉先生真乃上而伯夷、柳下惠，下而陶靖节般的一流人物，当世难得啊！"

俩人吃了些酒，感慨一番，各自散去。

七、烹茶煮酒论奇人

在这偌大的金陵城中，风花雪月的秦淮河畔，吴敬梓广泛交游，三教九流、五行八作各色人等中皆有朋友。不管是达官贵人、文人墨客这些有头面、有社会地位之人，还是引车卖浆、贩夫走卒之类的社会底层人物，在他眼里，芸芸众生，无不平等；天下苍生，皆有形状。在他看来，生活中的所有人，无有贵贱，无有分别，这是伟大小说家超越时代范围的悲悯情怀。

这南京城乃是六朝旧地，前朝国都，一山一水，一草一木，无不沾染着六朝云烟，无不散发出些许魏晋风流余韵。到清中期，地位下降，虽已沦落为州府，但六朝烟水之间，丰厚的人文底蕴依旧存在。在寻常巷陌的烟火人家，又时有奇人辈出。他们是日常之人、凡夫俗子，但他们的气格清健，不同流俗。

城西的清凉山是一座并不高的丘陵山岗，树木葱郁，地势颇为陡峻。古人云：山不在高，有仙则名。这清凉山中有一清凉古寺，南唐后主李煜曾经常光顾，在此游玩作诗。又有一崇正书院，多有前贤在此开坛讲学，桃李蔚然。又有国朝丹青圣手龚贤长居于此，筑有扫叶楼。虽斯人已逝，但其背影似乎还在这山林间飘荡。现在的清凉山真是清凉萧索，洁净却有些荒芜，但吴敬梓每次来到清凉山，却总觉得有些亲切。移家南京之初，吴敬梓曾携夫人叶氏畅游清凉山，一时传为佳话。

秋天的一个午后，吴敬梓从水西门斩了只盐水鸭，沿着明城墙向北漫步，晃晃悠悠地就来到清凉门。登临清凉门城楼，向远处眺望，千里长江似练，奔突而来；江中帆樯如林，江岸沙鸥翔集。他不禁吟诵起王荆公的《桂枝香·金陵怀古》："登临送目。正故国晚秋，天气初肃。千里澄江似练，翠峰如簇。归帆去棹残阳里……"

这时，有一苍老而清朗的声音继续吟咏道："六朝旧事随流水，但寒烟衰草凝绿。至今商女，时时犹唱，《后庭》遗曲。"吴敬梓一听声音，就知道他的老朋友于老丈来了，便主动上前，搀了在台阶下的于老丈，两人重登城楼，极目远眺，不禁会心地大笑起来。

随后，吴敬梓携手于老丈，来到了清凉山，逶迤至老丈家中。一来，他喜欢这清凉山的秋色，二来也是来看看他的老友。只要是在南京，吴敬梓总是要去清凉山，与相识了十几年的于老丈闲聊漫步，喝酒谈天。于老丈不是士林中人，并不是传统意义上的读书人，小时候也就读过两三年私塾，却好读书，性情恬淡，也没有什么赚钱的营生。紧依这清凉山后面的荒郊野岭，他开辟了三十多亩的菜地。家中有五个儿子，平时就靠种一些果蔬卖得一些银两过活。他家的五间草房，也是自己搭建的。门口有一亩地的光景却不种任何蔬菜，用来种养各色花草树木、梅兰竹菊、牡丹月季、栀子绣球、菖蒲海棠，四时花草，应有尽有。边上还挖了一口不大的水池，池边堆了几块假山湖石。

于老丈道："敏轩先生啊，前两日，小儿刚从夫子庙打得一坛花雕老酒，今日正好小酌。"

吴敬梓笑着答道："今日，我特地绕道水西门，斩一只鸭子，就是为讨老哥一杯酒啊！秋高气爽，把酒临风，不亦快哉！哈哈！"

正说笑间，从门前来了个人，此人身材不高，下巴留有一撮胡须，疏朗洁净，身着麻布对襟长衫，后背一古琴。

于老丈赶紧迎了上去，说："贵客，贵客！什么风把你给吹来了？"来人微微一笑说："今个儿，秋风正起，我就想着到老爹这儿讨杯茶喝。"

这园中有石凳石几，于老丈随即招呼大家坐下。

老丈指着吴敬梓对来人说道："这位是全椒吴敬梓吴敏轩先生。"又对吴敬梓说："这位荆三爷，家住三山街，是个开裁缝铺的，平时喜欢作诗弹琴。"

荆三爷赶忙站起来对吴敬梓作揖道："敏轩先生的大名，在下真是久仰！读过先生很多诗赋，爱不释手。"吴敬梓站起来作揖还礼。

此时，山风正起，林间落叶纷飞。吴敬梓说

道："老爹这里真是南京城里独一处的城市山林啊，秋风正起，荆先生何不雅奏一曲？"

荆三爷也不客气，把琴置于石几之上，缓缓调了弦，说了声献丑，就弹了起来。琴声响起，金石铿锵，宫商缥缈，声振林木，落在树枝间的鸟雀也都侧身窃听。一曲琴罢，荆三爷缓颊泰然，说："此曲名为《酒狂》，传说乃是阮籍所作。阮籍深感道不行、与时不合，为避免祸患，便隐居山林，放浪形骸，弹琴吟诗，乐酒忘忧。"

吴敬梓接过话茬说："荆三爷弹得好，此时此景，此曲最妙不过！阮嗣宗有诗云：'夜中不能寐，起坐弹鸣琴。薄帷鉴明月，清风吹我襟。孤鸿号外野，翔鸟鸣北林。徘徊将何见？忧思独伤心。'"

老丈搬来一只火炉，一套茶具，烹茶煮茗。

吴敬梓一边饮茶，一边赞叹说："老爹的茶色、香、味俱佳，这里山泉水更是清冽甘甜。扫叶楼下，清凉山中，好比天上人间，此时此景，夫复何求？"荆三爷端起茶杯，细细品味，也不免由衷赞叹起来。

树荫下有石台石凳，有俩人坐在那儿下围棋。

于老丈说："敏轩先生最近可听得什么有趣的事吗？"

吴敬梓说："要不这样，我们三人，一人说一个，以助茶兴。"

老丈接着道："好啊，我再弄几个小菜，加上花雕老酒，边饮边聊。"老丈虽上了年纪，可手脚麻利，一炷香的功夫，就炒得几盘蔬菜，一盘油炸花生米，加之吴敬梓带来的盐水鸭，在这山林之间已是颇为丰盛。

老丈饮了一口黄酒，说道："我先说个事，二位先生看看有趣没趣？上个月，我挑一担子蔬菜去乌龙潭卖，正好看到树荫下有石台石凳，有俩人坐在那儿下围棋，二位衣着光鲜，器宇轩昂，一位年长，一位年轻。据说年长者乃是国朝大国手马先生，大家都来凑热闹，围了一圈子的看客，里外两层。只听得那年轻人说：'先生天下无敌，让我三子如何？'年长者哈哈大笑：'让你四子无妨！'这时，看客中有位衣衫褴褛的青年，手拿一杆秤，侧身拼着命从外层向里层挤过去，下人们见他如此穿着，推推搡搡，不让他靠近。大国手看在眼里，微微一笑，对青年说：'莫非你也懂得纹枰之道？'青年说道：'我只爱下棋，多少还是晓得一点的。'青年站在边上看他们下棋，看着看着，竟然嘻嘻地笑了起来。大国手就说：'看你笑的样子，莫非下得过我们？我让你四子如何？'那青年笑着说：'也不须你让子，我勉强将就下一盘吧！'在场的看客哄堂大笑，起哄道：'大国手要让这小子出个丑，让他知道天高地厚。'那青年也不谦让，坐下就开始下棋。俩人起先落子如飞，从容不迫，当黑白子大面积散落在纹枰上，俩人出手则时缓时急，但都不做声，脸上不见悲喜。看官们不知深浅，也都屏住呼吸。棋到一半，大国手站了起来，表情默然，说：'我输了，输半子。'看客们大吃一惊，一阵唏嘘，哄抬着要拉青年去吃酒。那青年大笑道：'天下哪有快活如杀矢棋的事！快活，快活！哪有心思去吃酒吆！'"矢棋就是我们今天说的臭棋篓子之意。

"矢棋！矢棋！矢棋！"吴敬梓、荆三爷、于老丈齐声笑道，说完把杯中之酒一饮而尽。于老丈又说："这人不是别人，叫王太。他爹原来跟我一起在三牌楼卖菜，也是认识的。他爹生了一场大病，把祖上的菜园子也卖了，做不得卖菜的营生了。现在，他在虎踞关一带以卖火纸筒为生。"

荆三爷捻了捻胡须，说："老爹这么一说，我倒想起一个人，你们看算不算奇人？有趣没趣？此人姓盖，排行老五，原来离寒舍只隔着一条巷子。盖家原来是个大户人家，开有当铺，老家有些田地，洲上还有一块芦苇场。少年时，也曾读过些书。二十多岁后，就成天躲在书房里读书写诗，还画一些竹石，也不与周边亲戚本家走动，嫌他们俗不可耐，见面只谈买卖盈亏和张家长李家短。渐渐地，他周围就有一些读书的、写字的、作诗的、画画的。这些人虽不如他，他也不怪，他爱人之才，又爱人家的风雅，来人必是大酒大肉招待着，吃茶喝酒自然不在话下。他周边聚集的这些朋友，大都也是穷困之人，家里免不得逢上婚丧嫁娶之事，没有银两，就向盖五开口。只要开口，盖五总是来者不拒，从不推脱。他家的伙计也看出些端倪来，都暗暗称他为呆子，慢慢地弄虚作假，作奸犯科，把他的当铺就弄没了。后来，为了过活，盖五又变卖了乡里的田产和洲场。没几年，日子越发艰难，妻子又得病死了。他就带着一儿一女，搬到舍下隔壁的僻静小巷内，开起了茶馆。开茶馆没人打扰，既可以读书画画，又可以养家糊口，岂不是一举两得？茶馆弄得也是雅致的，随处摆一些古瓶古罐，适时采得一些野花野草插在里面，又用两口大缸接得天然的雨水来煮茶。然而，利小不足养家，家里的东西渐渐也都快变卖完了，还有几函旧书，他死活不卖。到冬天，还穿着春秋时的单衣，家里儿女还嗷嗷待哺，等米下锅。一天，有一读书模样的人要出高价买他的宋版书，愿意出五百两银子买他的汲古阁抄本《金石录》。盖五竟对来人说，就是我饿死了，也不卖。那人只得悻悻而去。"

三人都默不作声，又喝了口酒。吴敬梓说道："这盖五真是可怜可悲，却可叹可敬啊！"

荆三爷道："可不！后来，我听说，徽州府有一富商认识他，知他处事高洁，不坠流俗，家里公子也喜欢附庸风雅，吟诗作画，就请他去坐馆了。他一家三口还在徽州，不知现在如何了！"

吴敬梓道："我也说个人，你们觉得如何？说有一人叫季遐年，不知从何而来，自小无爹无娘，在寺院长大。现如今仍是赤条条无牵挂，无家无业。他字写得极好，但又不肯拘泥于古人法帖，倒是喜欢寻得罕见的碑篆来临。又独喜王铎、傅山和八大山人，格调奇崛，由着自己的性子来写。南京地面上的一些书家，对他不以为然，甚至嗤之以鼻。当然，他也不理会这些所谓的名家。如果有人请他写字，得需一段时日。说要准备，第一天要沐浴斋戒；第二天要磨一天的墨，别人还不能来帮忙；第三天才写。写字，也必须等他心甘情愿时才下笔。如不情愿的话，你求他写字，管你王侯将相天王老子，大把大把的银子奉上，他照样不看你一眼。求他写字的人也多，相应也得了不少润格银子，自己留下点，够三五日吃饭喝酒的，剩下的全都不要，碰到随便一个不相识的穷困人，就送给人家了。他自己从来不修边幅，一年四季穿着一件邋遢的衣衫，拖着一双蒲鞋。话说，浮桥有位家底丰厚的施老爷，祖上是做过御史的，也算是名门望族，学识诗赋不懂多少，但极喜附庸风雅，不管真假，他就是喜欢季遐年这落拓不羁的性格和他风格鲜明的字，就想方设法求字。闻得季遐年在天界寺住，就着下人去访，还带来纹银一百两。下人来到天界寺，正好碰到季遐年，又不识佛面，下人开口问道：'可有个姓季的住在这里？是个写字的。'季遐年回道：'你找他做什么？'下人说：'我家老爷要他明日到府上写字。'季遐年说：'哦，他现在不在家，明天我叫他去府上就是了。'第二天，季遐年还是穿着他那件破长衫，趿拉着蒲鞋，就摇摇晃晃地到浮桥的施府去了。刚到门口，就被施家的家人拦下了，问道：'你是什么人？别往里闯，出去出去！'昨天来天界寺的下人看到了，过来说：'原来就是你，你就是姓季的，会写字？'就带着季遐年向厅堂里走，那施老爷闻得风声，就从屋内迎了出去，说：'鄙人想求先生的墨宝啊！'季遐年见得施老爷油头粉面、大腹便便，便破口大骂：'你是什么东西，竟然敢叫我来写字！我不贪你的钱，不慕你的势，也不想借你的光，你凭什么叫我来写字！'劈头盖脸，季遐年把这施老爷骂得哑口无言。骂完之后，他趿拉他那双散发出难闻气味的破蒲鞋，大摇大摆地穿过夫子庙，又回到天界寺睡觉去了。前几日，我和朋友去天界寺玩，听一个小沙弥讲了很多季遐年的奇闻轶事。可惜，这季遐年现在已经不在寺里了，遗憾得很，未见得真容。他们也不知道他去哪了。有人说他做个托钵僧，云游四方去了。"

于老丈和荆三爷略深思一会儿，都说："真是个奇人啊！"

于老丈又向吴敬梓说道："听闻敏轩先生正在写一部稗史，写的都是士子风流、文人困厄之事，不知我们今天所道之人，可否进入先生的稗史啊？"

吴敬梓捻了捻胡须，微微一笑，并未作答。

此刻，荆三爷轻拨一根琴弦，说："我近来跟一位老和尚学得一些小琴曲，都是不常见的曲目。略有醉意，不免想献丑，此曲名为《墨子悲丝》。"琴声响起，凄清委婉，如清风过林，正如这秋日的清凉山，顿生幽远悲凉之感；时而，又有激扬之音，意气奋发，顿挫之间，圆转流利，如溪水跃石，酣畅淋漓。

曲罢，吴敬梓和于老丈一起拍手称快。三人

又痛饮一杯。吴敬梓又道:"阮嗣宗有诗云:杨朱泣歧路,墨子悲染丝。好诗!荆三爷这一曲《墨子悲丝》,清越悠远,慷慨激昂,好曲!真乃天人之合。"

三人又喝了些酒,天色渐暗,乘着暮色,吴敬梓和荆三爷也各自回家去了,正可谓"酒阑意未尽,曲终人散去"。

八、人生只合扬州死

　　扬州乃淮左名都，自古繁华。从隋纵贯大运河之后，扬州便成为南北黄金水道之上的要津，成为整个东南地区的财经贸易枢纽、漕运中心。

　　隋炀帝杨广为了一睹琼花风采，贯通大运河，大兴土木，建起迷楼。关于繁花与欲望的传说，在扬州的上空流播了千百年。李太白为他的朋友孟浩然写下"故人西辞黄鹤楼，烟花三月下扬州。孤帆远影碧空尽，唯见长江天际流"的千古绝唱。扬州少女们羞赧的面孔，桃叶眉头那淡淡的忧伤，时时浮现在诗人徐凝的脑海里，他挥笔写下"天下三分明月夜，二分无赖是扬州"，普天之下其他城市的夜色无不黯然失色。"二十四桥明月夜，玉人何处教吹箫"，可以想象廿四桥畔，月光如水，清风徐来，伊人凭栏，酥手弄箫。箫声呜咽，明月之下的扬州真可谓风月无边，一座桥便不知引出多少风流韵事来。风流才子杜牧之放荡形骸，在扬州城中夜夜笙歌，诗酒年华，当他追忆在扬州城的似水年华之时，唏嘘不已，不禁留下"春风十里扬州路，卷上珠帘总不如"，以及"十年一觉扬州梦，赢得青楼薄幸名"的无限感慨。

唐宋之际，扬州的繁盛自不必说。经过宋末元初短暂的萧索之后，扬州城又勃发出新的活力。1645年，清军南下至扬州，遭到史可法部的激烈抵抗。入城后，清军屠戮劫掠，十日不封刀。世代繁华的扬州城，尸积如山，血流成河，瞬时成为人间地狱。清朝在中原站稳脚跟后，至康熙年间，扬州又重新勃发出新的活力。

1714年（清康熙五十三年），十四岁的吴敬梓跟随嗣父吴霖起前往江苏北部赣榆县赴任教谕，一路水道，从扬州路过，就深深地爱上了这座水木清华的文化名都。

吴敬梓的一生，在家乡全椒生活到十四岁，后跟随父亲在江苏赣榆生活了八年多，从赣榆回全椒后，至三十三岁，移家南京，主要在南京生活。在南京生活期间，游玩小住最多的地方便是扬州。

吴敬梓从移家南京后不久，就开始写作《儒林外史》，断断续续大约用了近十年时间。去扬州游玩时，也带着书稿，不时修改润饰。

在扬州时，吴敬梓与金榘、金兆燕走动频繁。

金榘既是吴敬梓的表兄弟，又是连襟。金榘为人耿介有气节，有操守，诗文不拘一格而能独出机杼。在全椒时，吴敬梓与金榘关系就甚好，金榘虽大吴敬梓许多，但俩人惺惺相惜，是最为谈得来的至交好友。金兆燕是金榘的儿子，颖悟聪明，作文作诗，下笔千言，往往挥笔而就，在小时候被称为"神童"。他思维活跃，活泼开朗，喜欢交游，言谈举止幽默风趣，时人戏称其为"喜鹊"。吴敬梓看着他从小长大，心里极喜欢这位小他二十岁的世侄，视他为忘年交。金兆燕渐渐年长，越发钦佩仰慕世叔吴敬梓的人品学问、才情见识，一有机会，就追随在吴敬梓左右。

在扬州时，吴敬梓常住徐凝门一带，而表侄金兆燕也住着附近。他们俩不拘辈分，经常结伴出游，常通过方圈门、蒋家桥、皮市街来往于琼花观与徐凝门之间，纵情山水，谈诗论道，把酒言欢，度过了许多逍遥快活的大好时光。

一日，俩人遛达至琼花观。这里可是扬州最为著名的赏玩琼花圣地，原为后土祠。正值那琼花开放，有一株高大无比、枝条上开满了琼花，洁白如玉，风姿淡雅，而又有奇葩迭出，有的像蝴蝶戏珠，有的似八仙起舞，芳姿绰约，令人陶醉。

金兆燕指着琼花，对吴敬梓说道："表叔，这琼花观就为了一株东汉时留下的琼花而建。扬州人自豪地宣称：天下无双独此花。据说，隋炀帝到扬州来，就是为了看这株琼花。可惜可惜，为了看琼花而丢了大好江山。欧阳文忠公知扬州时，因感这琼花绝世无伦，就在观内琼花树后垒石成假山，在山上筑亭，叫'无双亭'，作饮酒观赏琼花之所。还写了一首诗，诗中写道：'琼花芍药世无伦，偶不题诗便怨人。曾向无双亭下醉，自知不负广陵春。'"

吴敬梓说道："我们都知道杨广是荒淫无道的

昏君，其实比他更为刻毒阴鸷的帝王数不胜数。你看它是盛世祥和，实则庙堂乌烟瘴气、乡间饿殍遍野。防民之口甚于防川，又大兴文字狱，这样的帝王比杨广更为可恨。当然了，没有杨广开凿贯穿南北的大运河，也就没有今日这繁花似锦的扬州城。他还是一位颇有才华的诗人，也写下'寒鸦飞数点，流水绕孤村'这样好诗句，还写过两首《春江花月夜》，比扬州人张若虚写的早了许多年啊！可他作为帝王，逆天而行，使得宇宙崩离，生灵涂炭，丧身灭国，正可谓'天作孽，犹可违，自作孽，不可逭'。可叹他在扬州建造的迷楼，这座让人迷失的宫殿，罗绮散尽，繁华凋敝，如今也就只能听得到凄凉的乌鸦叫声罢了！"

两人感慨一番，抄小道，径直去西北方向的蜀冈。

一路上花木扶苏，亭台掩映，时冈时岭，又有嶙峋怪石，出没其间，千姿百态。说笑间，二人就来到了蜀冈中峰，此处便是欧阳文忠公修建的平山堂。

两人站在堂前，向长江的方向望去，曲水横

塘，青山如簇，乡野田畴，尽收眼底。金兆燕说道："当年，欧阳文忠公激赏这清幽古朴的风水宝地，而兴建此堂。建成后，携友人学生来此游玩，凭栏远眺，因感慨'江南诸山，拱揖槛前，若可攀跻'，含青吐翠，飞扑于眉睫，似与堂平，就取名为平山堂。"

吴敬梓接话道："兆燕啊，文忠公一句'平山栏槛倚晴空'，便得潇洒旷达之趣。醉翁之意不在酒，在乎山水之间也。山水之乐，得之心而寓之酒也。他的文章风流、道德品行，千古以来都是一等一的。他的风流乃是山水，乃是诗酒，哪像我朝这些文人官员，满口仁义道德，满口举业文章，一个个却不知永叔、东坡，了然无趣，一门心思只晓得在肮脏的官场中阿谀奉承、摧眉折腰。"

金兆燕说道："表叔大先生，你不晓得，扬州城流传了'六精'的说法哩，真是好笑！"

"说来听听，是哪'六精'？"

"轿里坐的是债精，抬轿的是牛精，跟轿的是屁精，看门的是谎精，家里藏着的是妖精，头上戴的是水晶。出入盐府衙门、盐贩豪宅的，尽是这些人啊！"

吴敬梓哈哈大笑，说："我看那些出入盐府的士子清客，有的帮盐呆子作诗，有的帮撰联写字，溜须拍马，丑态百出，不也都是大屁精嘛！"

金兆燕说道："这扬州城里，有很多富可敌国的盐商盐贩，他们穷奢极欲，大字不识一箩，却个个附庸风雅，闹出不少啼笑皆非的笑话来。"

吴敬梓急迫地说："贤侄，你赶紧说来与我听听。"

金兆燕说："有个姓万的盐商，凭着运司衙门的便利，贩卖所执专利运盐凭照，一夜暴富，家财多到不可计，人传他富可敌国，堪比前朝富商沈万三。他家中修得一园，亭台楼阁，朱栏玉砌，弯弯曲曲，走上半天竟然未到尽头。所到之处，摆设许多桌椅，尽是金丝楠木做成。家中中堂竟然挂了一幅倪云林的山水，真是焚琴煮鹤啊！除去正室之外，这万老爷还娶了十几个小妾，只要是他看上的，不管是大家闺秀，还是村姑民妇，或者青楼女子，他定然使白花花的银子把她们迎进家门。他在招待客人吃茶喝酒之前，都要一碗冬虫夏草汤，然后悠悠地说：'此乃方外之物，非中原可产，出了我万家的门，扬州城是找不到第二碗的。'他的第七个小妾生了寒症，医生说要用一种叫'雪虾蟆'的药，这是一种产自昆仑雪山上长得像虾蟆的东西，据说身上还长满金钱斑纹，满身铜臭味，大概只为治家中堆满金钱财宝之人生病而生吧！需花三百两银子才能购得一只。真可谓'好马配好鞍，虾蟆配盐商'。"

吴敬梓听了，不禁爽朗地大笑起来，说道："这万员外真是名声在外，还好个附庸风雅哩！我听说这万家还养了一帮子帮闲清客，得空还舞文弄墨，作诗画画。他家的回廊楼台上有很多楹联，却是请我的一个朋友所作，书丹亦是朋友所为，落款署名却是他万员外。只因我那朋友吃他的嘴软，拿他的手短，亦是无赖啊！"

"表叔，这扬州城还有一个怪人，郑燮郑板桥，也中得过进士，做过山东潍县县令。写字作画都是明码标价，绝不扭扭捏捏。他家门口挂着标价哩：大幅六两，中幅四两，小幅二两。书条、对联一两。扇子、斗方五钱。"

"板桥先生还说，凡送礼物食物，总不如白银为妙；公之所送，未必弟之所好也。送现银则心中喜乐，书画皆佳。礼物既属纠缠，赊欠尤为赖账。年老体倦，亦不能陪诸君作无益语言也。哈哈！多年前，我在淮南监运使卢见曾老爷府上见过他，还同在一幅画上题诗哩！板桥先生真是个妙人儿！听说他近年又去山东赈灾，适逢今上要登临泰山，封他为'书画史'，参与筹备布置天子登泰山诸事。据朋友言，他还以此自豪，镌一印章云'乾隆柬封书画史'。鸱得腐鼠，可悲不自知！见得主子，摇尾乞怜，可惜可叹！"

金兆燕说："表叔说的是。可哪个文人不想建功立业、兼济天下，把自己的一身才华卖与帝王家呢？"

吴敬梓和金兆燕在堂前找了两个石凳，坐了下来。吴敬梓说道："不说这盐呆子的话了，也不说板桥先生的润格了。遥想在这平山堂建成后，欧阳文忠公恨不得日日得闲，登临燕游。他写下'我欲四时携酒去，莫叫一日不花开'的诗句，可见他是多么钟爱平山堂！一个夜晚，在平山堂，他与一干亲朋好友玩游戏。是时，月朗星稀，清风徐来，大家先是品茗清谈、对琴待月，然后开始玩击鼓传花的游戏。荷花不停地在朋友们手上传递，到'摘叶尽处'则遭遇美丽的'惩罚'——现场作诗一首或饮酒一盅。朋友们一一尽兴，个个微醺，载月而归。李太白的'坐花醉月'，是孤寂的自我迷醉；而文忠公和他的朋友们夜夜'坐花载月'，则是风流旷达的众人之乐，千古风流尽被风吹雨打去啊！"

随后，二人出了平山堂，漫不经心地溜达到蜀冈上的竹西芳径。不一刻，就是一大片黄墙黛瓦的建筑，此处便是禅智寺，又称竹西寺。

进入山门，就见到山顶中间有一巍峨的大雄宝殿，殿前却有一片平地，长满了芍药。此时正是芍药盛开之时，红醉浓露，花容绰约。左边则有长廊小径，迤逦而上。二人躞步至廊间。

金兆燕指着一块嵌在廊上的石碑对吴敬梓说："表叔，你看，这块碑叫'三绝碑'。哪三绝呢？一是吴道子画的宝志和尚像，一是李太白的赞语，一是颜鲁公的书丹。"

俩人沿着台阶，上了大雄宝殿，登临高处，一览扬州全景。

吴敬梓道："真乃是绝世好碑啊！这碑旁边还有一块碑，还刻了东坡居士的一首诗呢！"

两人沿着台阶，上了大雄宝殿，登临高处，可一览扬州全景，水榭山楼、庙宇道观、青山绿水、竹径莎堤，尽在眼底。

这时，金兆燕道："禅智寺历来颇受迁客骚人青睐，为之题咏数不胜数。杜牧、罗隐皆有题禅智寺的诗。"

吴敬梓道："我倒是最喜欢张祜张公子的《纵游淮南》一诗。"

说罢，他便捋起髭须吟咏起来："十里长街市井连，月明桥上看神仙。人生只合扬州死，禅智山光好墓田。"

这七言绝句，他一连吟咏了三遍。又道："杜牧之在扬州见到没有功名的布衣张祜，也是青眼有加啊！赞叹说：'谁人得似张公子，千首诗轻万户侯。'"

金兆燕说："张祜还有一首绝妙好诗，却是在扬子江南岸镇江府西津渡所作。'金陵津渡小山楼，一宿行人自可愁。潮落夜江斜月里，两三星火是瓜州'。张公子好诗啊，把表叔寓居的金陵写到了，表叔喜爱的扬州写到了，还把表叔这一生经常往来的大江也写到了，我看张公子这《题金陵渡》诗，倒是为千年之后的吴敬梓大先生所作啊！"

吴敬梓又哈哈大笑了起来，敲了敲金兆燕的头说："兆燕贤侄，表叔就喜欢你的古灵精怪、诙谐俏皮，跟你在一起，我才无拘无束啊！"

暮色将至，叔侄二人畅游半日，顿感四体通泰，心胸也豁然开朗，说说笑笑，不禁哼着小曲折回各自住所。

金兆燕到家时，父亲金榘正提笔在纸上作诗。他就蹑手蹑脚地去厨房找些吃的。

"兆燕啊，今天玩得如何啊？"金榘突然放下手中的毛笔问道。

金兆燕就把白天与吴敬梓游玩琼花观、蜀冈、平山堂及禅智寺的情形绘声绘色地给父亲描述了一番。

金榘说道："这就是了，你的表叔文采风流、生存境遇跟张祜都很相似啊！张祜为人清雅高迈，因为没有博得功名，就称自己为处士。他性情狷介，又不肯趋炎附势，虽然在许多大衙门里走来走去，也没有蹭得任何官职，未沾朝廷半分俸禄。当时，权臣令狐楚倒是赏识他，还把他的诗文收集起来，进献给皇上，向皇上举荐他。皇上招来元稹，问他张祜的诗写得如何。元稹就说：'张祜的诗更多的是雕虫小技，光明磊落之士不会像他那么写。若奖赏他太过，恐怕影响陛下的风俗教化。'皇上当然就闭嘴不提张祜之事了。张祜晚年似乎认识到他的命运如此，常慨叹自己被埋没，如同世人不识李太白，就在丹阳曲阿筑室种植花草苗木，寓居下来。此后，渐渐浸染了人间烟火，与村邻乡老把酒茗茶，观花赏竹，自比陶靖节，以布衣终老。"

金兆燕说道："张祜虽诗才满腹，可终身执迷不悟，汲汲于功名，直到晚年知不可为，方才放弃。板桥先生虽有绝世才情，可还是看不透、看不开啊！而表叔敏轩先生则大不同，他才高八斗，亦追慕功名，参加博学鸿词科的应试。但在此之后，表叔又窥测了世时之荒唐龌龊、士林之虚饰奸滑，并正在作一洞悉人世奥秘的巨著。这恐怕是张祜张公子远远不及之处吧！"

金榘道："兆燕啊，我虽虚长他十几岁，可我与他情同手足，我对你表叔了解更深，对他的激赏更甚你十倍啊！如你表叔所言，这八股取士使得一代文人有厄啊！如果他的大作在身前不能付梓，兆燕啊，你一定要不惜一切，倾己所有，使它流布于世啊！"

金兆燕的眼睛湿润了，狠狠地点了点头，说："父亲，孩儿记下了！"

几日之后，吴敬梓在琼花观遇到了他的故交程晋芳。程晋芳，字鱼门，淮安人。程家是富甲一方的大盐商，淮安、扬州均有诸多产业。程晋芳另有兄弟俩人，而他独爱读书，购书五万余卷，常邀请天下博学高士与他探讨学术，因乐善好施的名声在外，四方宾客去他家做客的络绎不绝。他与吴敬梓相差无几，虽继承大笔家财，可并不善治生产，不会也不屑于理财。若干年后，程晋芳千金散去，亦已贫困交加。

程晋芳拉着吴敬梓的手，小声啜泣说："敏轩兄啊，我也如兄一般。子贫如故我贫新，潦倒新停浊酒杯。"

吴敬梓说道："鱼门兄，几经周折，兄亦到我这般田地，此境地不易处啊！保重保重！"俩人在扬州小酒馆吃了几顿酒，又去瘦西湖平山堂溜达了一番。不几日，程晋芳欲返回淮安。暮色降临，深秋的冷月映照在大运河上，更显冷清。在码头，吴敬梓与程晋芳哥俩依依不舍，心下有说不出的悲凉，唏嘘不已却又难得一言。

吴敬梓指着天上的明月说道："鱼门兄，此日一别，不知后会是否有期？此时此景，我欲作诗赠别与你，又不知如何下笔。稍等我几日，作好后再寄给你吧！"

程晋芳说道："今日是十月初七日，愚弟在淮安静候贤兄佳作。"

不想，此次分别竟是他们的永诀。

辞别程晋芳之后，吴敬梓也准备返回南京。他生性任侠豪迈，不顾生计，典当了些衣物，倾尽囊中所有以答谢亲友。十月二十日，吴敬梓呼朋唤友，再次出游蜀冈、禅智寺，观花畅饮，尽兴而归。二十七日傍晚，吴敬梓接待了长子吴烺的朋友——新晋进士王又曾，俩人谈古论今，极为投机。王又曾离开后，吴敬梓思潮澎湃，久久不能入睡，反复吟咏着"人生只合扬州死，禅智山光好墓田"诗句。随后解衣就寝，正欲安枕睡去，突然痰涌不止，未及救治，顷刻之间，竟溘然辞世。

在淮安的程晋芳没有等来老友吴敬梓赠送给他的诗作，却接到他在扬州猝然去世的噩耗。1754年（清乾隆十九年），一代文豪吴敬梓，在贫困潦倒之中去世，应验了"人生只合扬州死"的谶语。

吴敬梓
生平简表

●◎清圣祖玄烨康熙四十年（1701），一岁

夏五月，出生于安徽全椒。父吴雯延，幼时出嗣吴霖起为子。在家塾读书。

●◎康熙五十二年（1713），十三岁

嗣母病故。仍在家塾读书。

●◎康熙五十三年（1714），十四岁

嗣父霖起出任江苏赣榆县学教谕，随同赴任所。

●◎康熙五十七年（1718），十八岁

生父雯延病故。考取秀才。

●◎康熙五十八年（1719），十九岁

长子吴烺生。

●◎康熙六十一年（1722），二十二岁

嗣父霖起罢官，自赣榆回到全椒。参加安庆乡试，落第。

●◎清世宗胤禛雍正元年（1723），二十三岁

嗣父霖起病故。此后数年内，族人争夺遗产，纷争不断。

●◎雍正七年（1729），二十九岁

参加滁州科考，拔为第一。但秋季参加乡试，落第而归。

●◎雍正九年（1731），三十一岁

自南京返回全椒。

●◎雍正十一年（1733），三十三岁

全家移居南京淮清桥附近，自行购置秦淮水亭。

●◎清高宗弘历乾隆元年（1736），三十六岁

清廷第二次举行博学鸿词科，赴安庆参加学院、抚院、督院三级预试。后因病未赴北京参加廷试。此年开始酝酿并创作《儒林外史》。

●◎乾隆五年（1740），四十岁

捐资修复南京中华门外先贤祠，祭祀吴泰伯以下先贤二百余人。

●◎乾隆六年（1741），四十一岁

与吴培源诗酒唱酬不断。初识程晋芳。

●◎乾隆七年（1742），四十二岁

自淮安返回南京。

●◎乾隆十四年（1749），四十九岁

《儒林外史》于此年基本完稿。敬梓更加贫困，甚至以劳力谋取衣食，程晋芳有"白门三日雨，灶冷囊无钱。逝将乞食去，亦且赁春焉"诗记其窘。入秋，霖潦三四日，晋芳族祖丽山曾令子持米及钱前往探视敬梓，敬梓果然已不食二日。

●◎乾隆十五年（1750），五十岁

受程廷祚等人影响，开始研治经学，开始著作《诗说》。

●◎乾隆十六年（1751），五十一岁

弘历南巡召试，长子吴烺等迎銮献诗，赐举人、授内阁中书。

●◎乾隆十八年（1753），五十三岁

作《金陵景物图诗》二十三首。

●◎乾隆十九年（1754），五十四岁

再游扬州。十月二十八日黄昏，因痰涌，片刻而终。